I0536612

BESTACTIVITYBOOKS.COM

PREMIERE ÉDITION

Dépôt légal, 2022

Illustration Graphique Extra: www.freepik.com
Merci à Alekksall, Starline, Pch.vector, Rawpixel.com, Vectorpocket, Dgim-studio, Upklyak, Macrovector, Stockgiu, Pikisuperstar & Freepik.com Designers

5 ASTUCES POUR DÉMARRER !

1) COMMENT RÉSOUDRE LES MOTS MÊLÉS

Les puzzles sont dans un format classique :

- Les mots sont cachés sans espaces, tirets, ...
- Orientation : Les mots peuvent être écrits en avant, en arrière, vers le haut, vers le bas ou en diagonale (ils peuvent être inversés).
- Les mots peuvent se chevaucher ou se croiser.

2) UN APPRENTISSAGE ACTIF

Un espace est prévu à côté de chaque mots pour noter la traduction. Pour favoriser un apprentissage actif un **DICTIONNAIRE** à la fin de cette édition vous permettra de vérifier et étendre vos connaissances. Cherchez et notez les traductions, trouvez-les dans le Puzzle et ajoutez-les à votre vocabulaire !

3) MARQUEZ LES MOTS

Vous pouvez inventer votre propre système de marquage. Peut-être en utilisez-vous déjà un ? Sinon, vous pourriez, par exemple, marquer les mots qui ont été difficiles à trouver d'une croix, ceux que vous avez aimés d'une étoile, les mots nouveaux d'un triangle, les mots rares d'un diamant, etc...

4) STRUCTUREZ VOTRE APPRENTISSAGE

Cette édition vous offre un **CARNET DE NOTES** très pratique à la fin du livre. En vacances ou en voyage ou à la maison, vous pouvez facilement organiser vos nouvelles connaissances sans avoir besoin d'un second bloc-notes !

5) VOUS AVEZ FINI TOUTES LES GRILLES ?

Allez à la section bonus **CHALLENGE FINAL** pour trouver un jeu gratuit à la fin de cette édition !

Simple et Rapide ! Découvrez notre collection de livres d'activités pour votre prochain moment de détente et **d'apprentissage**, à juste un clic de distance !

Trouvez votre prochain défi sur :

BestActivityBooks.com/MonProchainLivre

À vos marques, prêts... Partez !

Saviez-vous qu'il existe environ 7 000 langues différentes dans le monde ? Les mots sont précieux.

Nous aimons les langues et avons travaillé dur pour créer les livres de la plus haute qualité pour vous. Nos ingrédients ?

Une sélection des thématiques d'apprentissage adaptée, trois belles parts de divertissement, puis nous ajoutons une cuillère de mots difficiles et une pincée de mots rares. Nous les servons avec soin et un maximum de plaisir pour vous permettre de résoudre les meilleurs jeux de mots mêlés qui soient et d'apprendre en vous amusant !

Votre avis est essentiel. Vous pouvez participer activement au succès de ce livre en nous laissant un commentaire. Nous aimerions vraiment savoir ce que vous avez préféré dans cette édition !

Voici un lien rapide qui vous mènera à la page d'évaluation de vos commandes :

BestBooksActivity.com/Avis50

Merci pour votre aide et amusez-vous bien !

De la part de toute l'équipe

1 - Adjectifs #2

D	G	H	K	G	V	X	O	A	X	N	O	V	Ý	S
W	R	J	Y	L	J	R	K	X	J	S	N	J	Ý	I
J	K	A	P	Ř	Í	R	O	D	N	Í	D	M	K	Z
V	U	D	M	J	Z	X	T	H	S	H	S	G	O	V
Z	Ý	Ý	V	A	M	Í	J	A	Z	D	R	A	V	Ý
W	C	R	R	W	T	D	V	R	J	N	B	B	I	D
S	Ý	D	O	E	B	I	I	A	C	A	M	U	D	R
T	L	S	Z	B	H	M	C	E	B	D	P	F	L	H
V	A	A	J	N	N	D	B	K	K	A	H	D	N	P
O	P	Z	V	J	O	Í	C	G	Ý	N	A	L	S	F
Ř	S	V	Ý	N	S	I	P	O	P	Ý	H	C	U	S
I	O	T	T	K	Ý	N	D	Ě	V	O	P	D	O	L
V	P	X	S	B	X	R	Z	R	L	S	I	L	N	Ý
Ý	K	D	I	E	L	E	G	A	N	T	N	Í	P	U
Z	G	Z	Č	A	U	T	E	N	T	I	C	K	Ý	Y

AUTENTICKÝ
SLAVNÝ
TVOŘIVÝ
POPISNÝ
NADANÝ
DRAMATICKÝ
ELEGANTNÍ
HRDÝ
SILNÝ
ZAJÍMAVÝ
PŘÍRODNÍ
NOVÝ
VÝROBNÍ
ČISTÝ
ODPOVĚDNÝ
ZDRAVÝ
SLANÝ
DIVOKÝ
SUCHÝ
OSPALÝ

2 - Formes

S	K	Í	N	L	É	D	B	O	I	N	Y	P	T	O
H	R	R	P	Y	R	A	M	I	D	A	B	P	R	D
X	O	F	Y	B	D	K	K	U	Ž	E	L	O	O	H
U	D	S	R	C	P	U	G	V	D	O	D	L	J	A
C	X	O	A	W	H	O	P	C	R	F	B	Y	Ú	I
H	R	A	N	O	L	L	F	X	Ř	F	T	G	H	T
U	D	J	A	T	K	B	E	D	Á	K	L	O	E	J
R	Í	N	R	J	G	O	X	S	D	T	B	N	L	X
K	B	T	T	M	C	P	U	I	E	L	P	D	N	B
J	L	A	S	P	I	L	E	L	K	Z	I	L	Í	G
U	C	K	O	Ě	E	I	N	B	E	B	Z	C	K	Z
C	L	V	I	N	M	H	Y	P	E	R	B	O	L	A
T	O	I	P	O	V	Á	L	V	Á	L	E	C	Z	L
H	R	Ř	B	W	B	Y	N	A	R	H	R	K	L	X
Y	U	K	Z	F	W	K	R	O	H	N	T	F	L	C

OBLOUK
HRANY
NÁMĚSTÍ
KRUH
ROH
KŘIVKA
KUŽEL
STRANA
KRYCHLE
VÁLEC
ELIPSA
HYPERBOLA
ŘÁDEK
OVÁL
POLYGON
HRANOL
PYRAMIDA
OBDÉLNÍK
KOULE
TROJÚHELNÍK

3 - Force et Gravité

V	Z	D	Á	L	E	N	O	S	T	O	J	M	C	D
R	Y	C	H	L	O	S	T	M	A	B	V	K	E	Y
X	F	F	V	K	K	B	G	A	T	J	G	K	N	N
G	K	C	S	X	A	B	S	F	A	E	Z	Y	T	A
Y	T	E	N	A	L	P	D	I	V	V	M	E	R	M
O	K	F	O	A	T	S	O	N	T	O	M	H	U	I
B	K	D	Y	R	P	T	Z	H	F	N	R	Y	M	C
Í	N	E	Ř	T	W	K	K	Z	Y	G	A	Č	C	K
H	G	D	O	P	A	D	E	B	U	B	I	I	A	Ý
A	O	O	I	D	S	A	J	X	R	J	T	U	K	S
T	G	A	I	S	O	I	I	G	P	X	C	L	I	B
I	B	Z	I	T	S	O	N	T	S	A	L	V	Z	K
U	N	I	V	E	R	Z	Á	L	N	Í	N	S	Y	R
M	A	G	N	E	T	I	S	M	U	S	V	Z	F	L
K	Z	M	E	C	H	A	N	I	K	A	E	F	E	B

OSA
CENTRUM
OBJEV
VZDÁLENOST
DYNAMICKÝ
EXPANZE
TŘENÍ
DOPAD
MAGNETISMUS
MECHANIKA
POHYB
OBÍHAT
FYZIKA
PLANETY
HMOTNOST
TLAK
VLASTNOSTI
ČAS
UNIVERZÁLNÍ
RYCHLOST

4 - Adjectifs #1

D	S	U	Z	Z	E	R	F	V	F	A	O	Y	U	M
A	Ů	M	L	A	D	Ý	K	S	C	Y	U	A	M	O
A	M	L	E	N	B	Z	R	Z	J	S	L	R	Ě	D
T	T	B	E	W	Z	X	Á	X	Y	X	Y	W	L	E
R	O	X	I	Ž	R	M	S	G	T	H	H	H	E	R
A	T	J	N	C	I	Í	N	V	I	T	K	A	C	N
K	O	G	A	Y	I	T	Á	N	C	B	R	T	K	Í
T	Ž	Y	L	U	U	Ó	Ý	R	D	Ě	T	Š	Ý	N
I	N	W	E	V	U	R	Z	K	E	E	X	P	K	E
V	Ý	R	N	A	S	Y	V	N	Ž	C	V	O	S	V
N	E	X	O	T	I	C	K	Ý	Í	Ě	I	M	V	I
Í	U	P	Ř	Í	M	N	Ý	K	N	E	T	A	O	N
D	A	R	O	M	A	T	I	C	K	Ý	W	L	R	N
A	B	S	O	L	U	T	N	Í	K	F	R	Ý	B	Ý
P	E	R	F	E	K	T	N	Í	B	L	G	B	O	I

ABSOLUTNÍ
AKTIVNÍ
AMBICIÓZNÍ
AROMATICKÝ
UMĚLECKÝ
ATRAKTIVNÍ
KRÁSNÁ
EXOTICKÝ
OBROVSKÝ
ŠTĚDRÝ

UPŘÍMNÝ
TOTOŽNÝ
DŮLEŽITÝ
NEVINNÝ
MLADÝ
POMALÝ
TĚŽKÝ
TENKÝ
MODERNÍ
PERFEKTNÍ

5 - Instruments de Musique

P	L	T	V	M	G	U	W	Y	P	H	B	S	A	N
M	F	R	I	A	R	O	O	F	O	A	I	A	B	K
O	T	U	O	N	E	Ž	N	K	Z	R	L	X	K	T
K	A	B	L	D	L	D	N	G	O	M	T	O	O	U
L	M	K	O	O	S	N	Z	J	U	O	L	F	O	W
A	B	A	N	L	U	E	P	F	N	N	L	O	T	F
R	U	Z	C	Í	O	B	Z	J	U	I	P	N	E	L
I	R	B	E	N	H	H	H	S	O	K	U	W	U	S
N	Í	I	L	A	A	B	O	E	V	A	J	B	F	P
E	N	R	L	B	R	U	B	F	L	É	T	N	A	O
T	A	S	O	M	F	B	O	K	L	A	V	Í	R	K
O	V	F	U	I	A	E	J	C	A	M	Y	L	G	L
G	U	M	F	R	O	N	K	Y	T	A	R	A	L	E
A	M	V	G	A	B	D	R	G	R	X	G	D	F	P
F	G	T	Z	M	H	L	W	P	M	B	F	C	Z	S

BENDŽO
FAGOT
KLARINET
FLÉTNA
GONG
KYTARA
HARMONIKA
HARFA
HOBOJ
MANDOLÍNA
MARIMBA
POKLEP
KLAVÍR
SAXOFON
BUBEN
TAMBURÍNA
POZOUN
TRUBKA
HOUSLE
VIOLONCELLO

6 - Herboristerie

C	H	G	Š	T	K	V	A	L	I	T	A	L	P	M
N	U	O	B	A	Y	Z	E	L	E	N	Á	L	E	A
J	D	E	T	M	F	M	C	F	B	C	O	K	T	J
V	Z	H	U	P	K	R	I	J	I	J	L	B	R	O
K	V	Ě	T	I	N	A	Á	Á	L	D	K	A	Ž	R
G	É	M	L	L	E	J	I	N	N	M	Y	Z	E	Á
H	K	R	X	R	O	Z	M	A	R	Ý	N	A	L	N
F	S	Y	P	Y	A	Č	S	R	B	A	E	L	X	K
P	Ř	Í	S	A	D	A	E	M	G	L	F	K	V	A
G	Á	A	K	V	A	P	W	S	V	J	A	A	T	F
X	N	O	G	A	R	T	S	E	N	B	U	T	O	T
L	I	P	Ť	U	H	C	Í	Ř	P	E	H	Á	H	M
E	L	U	D	N	A	V	E	L	U	T	K	M	L	Z
B	U	N	C	U	Z	P	Ř	Í	Z	N	I	V	Ý	C
Ý	K	C	I	T	A	M	O	R	A	S	W	D	O	H

ČESNEK
AROMATICKÝ
BAZALKA
PŘÍZNIVÝ
KULINÁŘSKÉ
ESTRAGON
FENYKL
KVĚTINA
PŘÍSADA
ZAHRADA
LEVANDULE
MAJORÁNKA
MÁTA
PETRŽEL
KVALITA
ROZMARÝN
ŠAFRÁN
PŘÍCHUŤ
TYMIÁN
ZELENÁ

7 - Photographie

D	Z	O	S	F	M	P	D	P	Ř	E	D	M	Ě	T
X	S	M	J	O	U	E	E	E	F	O	R	M	Á	T
Y	G	J	M	T	L	R	L	N	F	R	H	N	K	A
Í	N	E	Ž	O	L	S	H	S	E	I	E	O	K	R
A	A	V	R	A	B	P	O	S	V	U	N	W	U	U
P	I	Y	B	P	F	E	P	S	Y	U	T	I	Z	T
B	O	S	C	A	B	K	P	V	X	P	F	I	C	X
T	C	X	A	R	L	T	Í	O	L	W	N	E	L	E
P	S	G	A	Á	P	I	Á	N	R	E	Č	Z	M	T
Í	N	E	L	T	Ě	V	S	O	L	T	B	B	F	J
S	F	M	O	G	G	A	D	J	M	Á	R	S	G	C
T	K	O	N	T	R	A	S	T	G	F	U	É	J	H
Í	U	E	C	I	N	T	I	Č	K	Ě	M	Z	T	S
N	E	Y	B	N	I	M	O	B	J	E	K	T	I	L
Y	S	E	F	F	P	A	V	A	T	S	Ý	V	Z	V

ZMĚKČIT
RÁM
FOTOAPARÁT
SLOŽENÍ
KONTRAST
BARVA
DEFINICE
VÝSTAVA
OSVĚTLENÍ
FORMÁT
ČERNÁ
OBJEKT
TMA
STÍNY
PERSPEKTIVA
PORTRÉT
PŘEDMĚT
TEXTURA
VIZUÁLNÍ
POHLED

8 - Véhicules

V	A	T	D	A	S	B	M	G	B	S	V	P	Z	K
K	L	P	R	N	V	W	O	Z	Z	P	R	O	U	W
X	U	A	Z	A	W	U	T	J	G	N	T	N	F	J
U	L	R	K	V	J	S	O	Z	L	E	U	O	D	Z
J	M	B	G	A	G	E	R	N	E	U	L	R	H	O
R	T	E	N	R	R	G	K	R	T	M	N	K	P	Z
I	T	Ď	B	A	S	L	V	T	A	A	Í	A	T	R
E	R	O	V	K	U	X	B	D	D	T	K	A	J	A
X	A	L	M	B	B	N	Y	S	L	I	X	A	T	K
A	K	Ž	Ě	B	O	L	O	K	O	K	V	A	S	E
T	T	F	T	Y	T	T	O	C	M	Y	Z	U	Y	T
L	O	L	W	N	U	V	D	P	T	E	E	T	C	A
D	R	A	H	M	A	T	N	J	R	I	T	O	S	G
J	S	A	N	I	T	K	A	X	Z	W	E	R	U	A
A	N	J	C	C	N	Á	K	L	A	Ď	Á	K	O	O

SANITKA
LETADLO
LOĎ
AUTOBUS
NÁKLAĎÁK
KARAVANA
TRAJEKT
RAKETA
VRTULNÍK
METRO

MOTOR
PNEUMATIKY
VOR
KOLOBĚŽKA
PONORKA
TAXI
TRAKTOR
VLAK
AUTO

9 - Camping

K	S	Z	O	B	R	H	V	A	J	C	L	E	S	D
C	A	O	H	E	Ň	W	O	N	A	L	V	W	C	O
F	P	B	X	D	Y	A	L	R	F	J	U	W	Y	B
J	M	J	I	P	C	N	U	N	A	L	A	P	M	R
S	O	A	Í	N	E	Z	Í	Ř	A	Z	D	E	A	O
C	K	J	Z	A	A	P	Ř	Í	R	O	D	A	P	D
H	M	Y	Z	T	G	Y	Z	C	O	C	B	T	A	R
I	I	H	W	S	Y	G	A	W	D	T	C	A	J	U
I	L	S	D	V	L	V	H	K	G	V	L	Ř	L	Ž
K	E	E	V	W	E	P	K	S	P	Z	U	Í	N	S
M	H	O	U	P	A	C	Í	S	Í	T	C	V	I	T
R	F	V	N	M	Ě	S	Í	C	P	S	E	Z	P	V
H	Z	D	Z	Á	J	E	Z	E	R	O	R	E	N	Í
J	C	K	V	G	K	C	M	X	I	F	N	N	H	A
K	L	O	B	O	U	K	U	R	K	T	A	L	R	T

ZVÍŘATA
DOBRODRUŽSTVÍ
KOMPAS
KABINA
KÁNOE
MAPA
KLOBOUK
LOV
LANO
ZAŘÍZENÍ
OHEŇ
LES
HOUPACÍ SÍT
HMYZ
JEZERO
LUCERNA
MĚSÍC
HORA
PŘÍRODA
STAN

10 - Écologie

K	U	L	R	F	L	Ó	R	A	H	S	H	O	R	Y
R	O	M	Z	O	O	S	W	H	Y	H	O	U	D	O
Y	H	M	D	W	Z	P	Ř	Í	R	O	D	A	H	K
H	C	D	U	Ý	T	M	I	X	J	V	F	U	C	D
Z	U	O	A	N	E	I	A	M	I	L	K	E	I	Y
D	S	B	D	L	I	M	A	N	U	A	F	L	E	Y
R	P	R	R	E	D	T	A	W	I	M	O	Č	Á	L
O	Ř	O	U	T	P	D	Y	O	G	T	F	Ý	P	V
J	Í	V	H	I	M	Ř	Y	O	S	S	O	K	Z	E
E	R	O	G	Ž	Y	P	E	S	R	L	S	S	H	G
S	O	L	F	R	Y	S	V	Ž	Y	B	U	Ř	T	E
P	D	N	A	D	Ů	R	D	O	I	E	U	O	T	T
P	N	Í	B	U	I	R	Y	W	P	T	Y	M	C	A
X	Í	C	G	L	O	B	Á	L	N	Í	Í	R	C	C
Y	N	I	L	T	S	O	R	D	S	O	Y	M	U	E

DOBROVOLNÍCI
KLIMA
KOMUNITY
ROZMANITOST
UDRŽITELNÝ
DRUH
FAUNA
FLÓRA
GLOBÁLNÍ
MOČÁL
MOŘSKÝ
HORY
PŘÍRODA
PŘÍRODNÍ
ROSTLINY
ZDROJE
SUCHO
PŘEŽITÍ
ODRŮDA
VEGETACE

11 - Géométrie

P	T	S	U	O	E	P	G	O	X	S	E	U	T	S
Z	O	K	O	I	V	R	T	Y	B	Y	I	W	G	L
Č	D	M	Y	O	J	Ů	N	S	B	M	O	E	J	R
V	Í	H	Ě	H	I	M	E	Z	N	E	M	I	D	O
Ý	O	S	P	R	A	Ě	M	Y	J	T	Z	R	M	V
P	F	O	L	O	K	R	G	F	A	R	S	O	E	N
O	Y	E	I	O	V	L	E	J	Y	I	A	E	D	O
Č	T	A	E	R	I	R	S	J	E	E	W	T	I	B
E	A	U	G	K	Ř	E	C	I	N	V	O	R	Á	Ě
T	G	O	G	W	K	R	U	H	U	R	K	C	N	Ž
L	O	G	I	K	A	K	Š	Ý	V	Z	D	P	L	N
Ú	Z	M	T	R	O	J	Ú	H	E	L	N	Í	K	Ý
H	V	E	R	T	I	K	Á	L	N	Í	E	W	N	X
E	C	R	G	W	F	Y	H	M	O	T	N	O	S	T
L	M	U	S	M	O	T	B	U	F	A	P	A	H	B

ÚHEL
VÝPOČET
KRUH
KŘIVKA
PRŮMĚR
DIMENZE
ROVNICE
VÝŠKA
LOGIKA
HMOTNOST

MEDIÁN
ČÍSLO
ROVNOBĚŽNÝ
POMĚR
SEGMENT
POVRCH
SYMETRIE
TEORIE
TROJÚHELNÍK
VERTIKÁLNÍ

12 - Les Médias

E	V	J	O	T	E	L	E	V	I	Z	E	S	I	S
C	P	E	T	F	I	C	V	H	G	J	M	Z	G	D
A	N	D	U	H	Y	Z	V	U	U	J	X	Ť	Í	S
K	Á	I	X	T	A	W	N	O	V	I	N	Y	N	O
I	Z	N	V	K	O	M	E	R	Č	N	Í	K	L	L
N	O	E	G	E	U	U	X	S	W	E	V	T	Á	P
U	R	C	U	X	Ř	Y	Y	O	R	L	J	O	U	O
M	Í	S	T	N	Í	E	F	F	E	Y	O	F	T	S
O	I	D	Á	R	C	E	J	A	E	D	L	V	K	T
K	H	N	H	N	I	J	T	N	K	Y	I	G	E	O
P	R	Ů	M	Y	S	L	I	W	Ý	T	K	C	L	J
F	I	N	A	N	C	O	V	Á	N	Í	A	S	E	E
V	Z	D	Ě	L	Á	V	Á	N	Í	D	R	U	T	C
S	D	I	G	I	T	Á	L	N	Í	J	D	Y	N	E
O	N	L	I	N	E	R	R	R	T	V	R	H	I	U

POSTOJE
KOMERČNÍ
KOMUNIKACE
ONLINE
EDICE
VZDĚLÁVÁNÍ
FAKTA
FINANCOVÁNÍ
JEDINEC
PRŮMYSL
INTELEKTUÁLNÍ
NOVINY
MÍSTNÍ
DIGITÁLNÍ
NÁZOR
FOTKY
VEŘEJNÝ
RÁDIO
SÍŤ
TELEVIZE

13 - Philanthropie

S	N	X	V	E	Ř	E	J	N	Ý	P	N	V	F	C
E	P	D	L	C	D	Í	T	T	L	G	G	H	V	N
K	B	O	V	T	S	D	I	L	S	R	L	H	Ý	V
M	A	C	L	Z	H	Á	Z	C	J	N	V	O	Z	X
Š	G	F	A	E	G	L	O	B	Á	L	N	Í	V	J
K	T	W	O	S	Č	M	C	K	R	I	I	T	Y	B
K	J	Ě	W	I	X	E	P	R	O	G	R	A	M	Y
O	C	F	D	M	C	C	N	U	D	W	L	B	H	D
N	Í	L	Z	R	K	G	H	S	G	E	I	E	M	N
T	L	D	P	C	O	F	J	A	T	L	D	Ř	A	O
A	E	I	R	O	T	S	I	H	R	V	É	T	U	F
K	R	R	V	T	T	J	T	F	R	I	Í	O	Y	A
T	S	K	U	P	I	N	Y	G	C	T	T	P	F	S
Y	P	O	C	T	I	V	O	S	T	Ě	B	A	Y	E
F	I	N	A	N	C	E	G	E	L	D	I	W	I	L

POTŘEBA
CÍLE
CHARITA
SPOLEČENSTVÍ
KONTAKTY
VÝZVY
DĚTI
FINANCE
FONDY
LIDÉ
ŠTĚDROST
GLOBÁLNÍ
SKUPINY
HISTORIE
POCTIVOST
LIDSTVO
MLÁDÍ
MISE
PROGRAMY
VEŘEJNÝ

14 - Diplomatie

U	V	P	H	L	T	H	A	R	F	V	W	P	K	N
X	E	S	U	K	S	I	D	Y	D	L	J	O	O	O
W	X	I	M	O	P	C	O	R	I	Á	A	L	N	B
E	C	D	A	R	O	P	E	Y	U	D	T	I	F	Č
B	W	E	N	I	K	N	O	U	R	A	Z	T	L	A
Ý	K	C	I	T	A	M	O	L	P	I	D	I	I	N
E	Ř	Á	T	S	M	L	O	U	V	A	E	K	K	S
T	E	R	Á	F	M	D	F	S	R	W	X	A	T	K
I	Š	P	R	Z	A	H	R	A	N	I	Č	N	Í	Ý
K	E	U	N	I	N	T	E	G	R	I	T	A	U	O
A	N	L	Í	N	E	S	E	N	S	U	W	L	E	B
S	Í	O	V	E	L	V	Y	S	L	A	N	E	C	Č
M	K	P	N	R	U	V	L	G	K	E	O	M	W	A
E	T	S	O	N	L	D	E	V	A	R	P	S	F	N
S	P	O	L	E	Č	E	N	S	T	V	Í	E	R	É

VELVYSLANEC
OBČANÉ
OBČANSKÝ
SPOLEČENSTVÍ
KONFLIKT
PORADCE
SPOLUPRÁCE
DIPLOMATICKÝ
DISKUSE
ETIKA
ZAHRANIČNÍ
VLÁDA
HUMANITÁRNÍ
INTEGRITA
SPRAVEDLNOST
POLITIKA
USNESENÍ
ŘEŠENÍ
SMLOUVA

15 - Astronomie

O	B	S	E	R	V	A	T	O	Ř	M	X	F	D	M
A	S	T	E	R	O	I	D	R	A	K	E	T	A	L
E	O	F	K	J	Z	P	L	A	N	E	T	A	X	H
B	G	R	O	E	T	E	M	V	E	S	M	Í	R	O
D	L	T	S	S	D	S	M	S	O	H	N	E	I	V
I	N	H	M	A	O	I	J	Ě	B	O	H	P	V	I
S	A	S	O	V	T	U	A	N	O	R	T	S	A	N
I	B	S	S	O	C	B	H	E	G	K	P	Y	A	A
Í	Z	O	T	N	R	G	Y	V	Y	Z	J	N	F	M
N	E	B	E	R	A	T	Í	N	Ě	M	T	A	Z	Ě
E	J	C	K	E	O	K	C	P	S	Z	M	P	H	S
Ř	P	A	W	P	T	N	F	G	I	U	D	P	F	Í
Á	C	T	H	U	O	Z	O	W	K	U	W	Í	L	C
Z	J	C	S	S	A	J	A	M	C	I	O	U	G	O
R	O	V	N	O	D	E	N	N	O	S	T	D	A	K

ASTEROID
ASTRONAUT
ASTRONOM
NEBE
SOUHVĚZDÍ
KOSMOS
ZATMĚNÍ
ROVNODENNOST
RAKETA

MĚSÍC
METEOR
MLHOVINA
OBSERVATOŘ
PLANETA
ZÁŘENÍ
SUPERNOVA
ZEMĚ
VESMÍR

16 - Physique

H	X	M	S	U	M	S	I	T	E	N	G	A	M	A
J	A	D	E	R	N	Ý	B	R	L	R	L	Z	J	Y
M	E	C	H	A	N	I	K	A	E	C	T	M	R	G
H	V	H	U	S	T	O	T	A	K	A	H	U	I	P
F	M	Z	E	W	V	E	C	A	T	I	V	A	R	G
R	C	O	O	C	H	A	O	S	R	F	Z	T	Y	M
E	Y	H	T	R	Z	M	T	J	O	I	Z	I	A	W
K	U	J	E	N	E	Z	J	V	N	B	P	V	Y	Y
V	L	C	B	M	O	C	X	B	S	P	L	I	E	L
E	U	S	W	O	I	S	K	I	F	J	Y	T	V	F
N	W	C	L	T	Z	C	T	W	Y	R	N	A	N	G
C	M	G	K	A	L	U	K	E	L	O	M	L	P	T
E	Č	Á	S	T	I	C	E	Ý	B	T	N	E	B	N
Z	R	Y	C	H	L	E	N	Í	V	O	X	R	P	W
R	Y	C	H	L	O	S	T	M	W	M	G	O	N	E

ZRYCHLENÍ
ATOM
CHAOS
CHEMICKÝ
HUSTOTA
ELEKTRON
VZOREC
FREKVENCE
PLYN
GRAVITACE
MAGNETISMUS
HMOTNOST
MECHANIKA
MOLEKULA
MOTOR
JADERNÝ
ČÁSTICE
RELATIVITA
RYCHLOST

17 - Types de Cheveux

X	W	K	V	O	W	K	A	A	S	T	G	A	Y	P
C	H	U	U	N	I	R	J	L	U	Š	E	D	Á	L
O	J	U	R	U	G	Á	O	D	Č	R	T	R	W	E
N	L	R	D	I	B	T	F	H	I	E	U	T	P	T
F	Y	T	A	V	E	K	S	O	H	V	R	B	M	E
S	S	U	C	H	Ý	Ý	D	Ě	N	H	N	N	X	N
Ý	T	A	N	R	D	U	K	V	V	Z	D	D	Á	É
Z	D	Ř	Y	Y	B	A	R	E	V	N	Ý	L	Í	B
M	V	E	Í	T	E	N	K	Ý	I	D	N	O	L	B
Ě	V	D	O	B	A	E	L	T	Ý	T	S	U	L	T
K	L	A	X	J	R	B	Y	A	L	V	D	H	L	C
K	N	K	E	D	P	O	C	Š	K	V	A	Ý	H	T
Ý	I	P	E	F	V	O	E	E	S	R	D	R	W	R
K	T	O	Z	P	N	W	Z	L	E	V	A	X	D	R
G	Ý	C	K	L	F	N	W	P	L	R	N	V	C	Z

STŘÍBRO
BÍLÝ
BLOND
KADEŘ
LESKLÝ
PLEŠATÝ
BAREVNÝ
KRÁTKÝ
MĚKKÝ
TLUSTÝ

KUDRNATÝ
ŠEDÁ
DLOUHÝ
HNĚDÝ
TENKÝ
ČERNÁ
VLNITÝ
ZDRAVÝ
SUCHÝ
PLETENÉ

18 - Archéologie

H	C	N	C	Z	Á	H	A	D	A	R	S	S	I	R
N	H	L	E	I	H	E	D	Y	V	T	T	K	U	E
E	R	R	K	Z	V	F	H	W	V	Ý	A	T	C	L
D	Á	N	L	H	N	I	A	I	K	M	R	U	I	I
R	M	K	K	R	Ý	Á	L	A	K	B	O	R	H	K
É	R	A	Í	Y	T	S	M	I	A	J	V	U	R	V
V	G	Z	N	W	U	W	F	Ý	Z	M	Ě	Y	N	I
C	R	O	R	P	N	I	Z	K	G	A	K	T	Č	E
P	O	T	O	M	E	K	J	S	T	H	C	K	Í	K
B	S	Z	B	L	M	C	K	O	S	T	I	E	Ř	V
W	E	R	D	D	O	W	O	B	X	A	K	J	S	F
J	F	O	O	R	P	Y	U	S	E	T	H	B	T	G
X	O	K	K	Y	A	Z	Ý	L	A	N	A	O	V	M
W	R	L	J	W	Z	F	O	S	I	L	I	E	Í	E
K	P	H	O	C	A	V	Ý	Z	K	U	M	N	Í	K

ANALÝZA
STAROVĚK
VÝZKUMNÍK
CIVILIZACE
POTOMEK
ODBORNÍK
ÉRA
TÝM
FOSILIE
NEZNÁMÝ
ZÁHADA
OBJEKTY
KOSTI
ZAPOMENUTÝ
HRNČÍŘSTVÍ
PROFESOR
RELIKVIE
CHRÁM
HROBKA

19 - Mammifères

O	W	T	B	Ý	K	Í	L	Á	R	K	L	D	T	L
V	W	G	O	N	L	P	K	S	Y	C	Z	R	T	I
C	L	P	K	A	V	U	O	U	D	Z	P	R	M	Š
E	R	A	Ů	F	S	N	M	C	W	F	R	H	O	K
L	A	T	Ň	G	O	R	I	L	A	H	S	A	U	A
Ž	E	K	A	P	D	L	K	J	M	S	B	H	O	K
U	I	V	O	A	J	C	Y	Z	E	B	R	A	X	Č
O	N	R	Y	J	D	E	L	F	Í	N	O	L	S	O
T	P	G	A	A	O	Z	L	Z	J	A	P	W	E	K
W	Z	Y	H	F	P	T	D	F	M	K	I	D	P	T
C	F	T	X	T	A	E	F	H	F	O	C	Ě	H	I
N	G	U	S	I	P	A	B	Y	R	L	E	V	K	R
Z	Z	P	A	A	N	A	P	L	F	K	W	D	A	K
I	C	S	K	K	N	P	O	V	B	I	K	E	N	P
W	V	C	Y	O	E	P	V	Y	J	L	G	M	Y	T

VELRYBA
KOČKA
KŮŇ
PES
KOJOT
DELFÍN
SLON
ŽIRAFA
GORILA
KLOKAN

KRÁLÍK
LEV
VLK
OVCE
MEDVĚD
LIŠKA
OPICE
BÝK
TYGR
ZEBRA

20 - Chocolat

K	E	W	H	Y	O	H	W	C	U	O	V	M	X	O
N	A	X	G	T	H	Y	N	D	L	G	C	O	M	J
P	I	R	O	A	S	T	P	W	E	P	S	H	K	D
H	Z	G	A	T	I	L	A	V	K	H	B	E	N	O
C	K	H	V	M	I	S	L	A	D	K	Ý	V	I	T
X	B	A	T	P	E	C	E	R	K	U	C	L	D	N
B	O	T	K	T	E	L	K	Y	D	Í	Š	A	R	A
Ě	N	Ů	V	A	K	G	Z	Ý	N	D	F	H	K	D
X	B	W	T	T	O	N	S	B	G	Z	K	O	P	I
H	Ó	H	E	X	T	F	S	C	H	U	Ť	D	Ř	X
D	N	O	K	O	K	O	S	S	G	M	W	N	Í	O
E	I	R	O	L	A	K	O	E	B	V	O	É	C	I
R	A	K	O	B	L	Í	B	E	N	Ý	G	W	H	T
P	I	Ý	P	R	Á	Š	E	K	D	C	M	R	U	N
P	Ř	Í	S	A	D	A	M	S	P	Z	Y	M	Ť	A

HORKÝ
ANTIOXIDANT
VŮNĚ
BONBÓN
ARAŠÍDY
KAKAO
KALORIE
KARAMEL
LAHODNÉ
SLADKÝ
EXOTICKÝ
OBLÍBENÝ
CHUŤ
PŘÍSADA
KOKOS
PRÁŠEK
KVALITA
RECEPT
PŘÍCHUŤ
CUKR

21 - Mathématiques

P	O	L	O	M	Ě	R	M	O	A	N	B	D	R	V
K	O	E	T	U	A	N	T	B	R	Á	P	E	O	I
D	Í	B	M	N	E	V	K	V	I	M	O	S	V	K
X	P	N	J	B	N	N	Í	O	T	Ě	L	E	N	X
R	R	K	L	E	S	S	N	D	M	S	Y	T	O	V
F	G	Í	Z	É	M	V	Ž	B	E	T	G	I	B	Z
D	L	N	A	A	D	U	Ě	U	T	Í	O	N	Ě	E
Ý	M	L	O	K	S	B	B	K	I	Ú	N	N	Ž	X
A	R	E	C	I	N	V	O	R	C	A	H	Ý	N	P
G	I	H	H	M	K	I	N	A	K	G	L	L	Ý	O
I	J	Ú	O	E	D	D	V	B	Ý	Y	I	C	Y	N
R	W	J	T	C	H	Z	O	P	R	Ů	M	Ě	R	E
Z	L	O	M	E	K	I	R	K	I	C	V	P	O	N
C	R	R	S	Y	M	E	T	R	I	E	Y	O	J	T
F	J	T	E	Č	U	O	S	Z	H	P	I	Y	F	V

ÚHLY
ARITMETICKÝ
NÁMĚSTÍ
OBVOD
DESETINNÝ
PRŮMĚR
EXPONENT
ROVNICE
ZLOMEK
ROVNOBĚŽNÝ
ROVNOBĚŽNÍK
KOLMÝ
POLYGON
POLOMĚR
OBDÉLNÍK
SOUČET
SYMETRIE
TROJÚHELNÍK
OBJEM

22 - Mythologie

U	W	Ý	K	C	I	G	A	M	T	C	L	W	P	B
P	R	A	N	A	I	M	A	H	S	H	E	L	Ř	O
V	R	S	I	W	T	P	H	R	O	O	G	A	E	J
L	B	M	G	I	J	A	U	O	V	V	E	B	S	O
M	L	R	J	S	S	N	S	M	I	Á	N	Y	V	V
H	V	T	H	T	A	X	P	T	L	N	D	R	Ě	N
A	M	E	H	V	N	R	P	O	R	Í	A	I	D	Í
Z	K	L	R	O	I	G	C	L	Á	O	H	N	Č	K
P	W	N	R	Ř	D	P	E	H	Ž	A	F	T	E	Z
W	Ř	Ý	K	E	R	D	I	S	E	W	W	A	N	Z
S	S	Í	X	N	H	S	Í	L	A	T	B	Z	Í	W
B	T	G	Š	Í	N	G	O	W	P	U	Y	C	S	M
O	T	P	K	E	B	L	E	S	K	C	M	P	O	W
E	Y	E	I	Y	R	V	Y	T	V	O	Ř	E	N	Í
P	H	B	G	M	T	A	R	U	T	L	U	K	J	I

ARCHETYP
KATASTROFA
CHOVÁNÍ
VYTVOŘENÍ
STVOŘENÍ
PŘESVĚDČENÍ
KULTURA
BLESK
SÍLA
BOJOVNÍK
HRDINA
ŽÁRLIVOST
LABYRINT
LEGENDA
MAGICKÝ
PŘÍŠERA
SMRTELNÝ
HROM

23 - Restaurant #2

Y	R	R	E	T	D	I	I	S	P	S	O	C	Z	O
Í	V	Y	C	Z	P	V	N	P	A	U	V	E	Y	B
N	L	B	A	X	L	Y	E	G	E	V	O	M	Z	Ě
E	Á	A	A	T	A	G	X	J	W	D	C	K	W	D
Ř	R	P	D	R	H	A	K	A	C	D	E	N	G	G
O	U	N	O	H	O	D	J	U	Z	E	M	H	U	A
K	X	E	V	J	D	P	I	I	E	L	D	U	N	P
Í	D	F	P	A	N	O	U	R	L	Ř	J	A	M	Y
N	O	X	M	N	É	L	G	Y	E	D	E	K	V	C
Š	R	T	I	T	J	É	S	C	N	S	C	Č	R	F
Í	T	Á	L	A	S	V	G	E	I	V	Í	I	E	X
Č	J	J	J	P	I	K	T	D	N	W	Ž	L	B	V
R	K	C	U	D	S	A	S	F	A	E	L	D	I	Ž
H	F	B	L	J	K	K	O	J	O	G	Ů	I	Y	G
Y	Y	K	H	I	R	C	Y	S	B	R	S	V	C	L

NÁPOJ
ŽIDLE
LŽÍCE
OBĚD
LAHODNÉ
VEČEŘE
VODA
KOŘENÍ
VIDLIČKA
OVOCE
DORT
LED
ZELENINA
NUDLE
VEJCE
RYBA
SALÁT
SŮL
ČÍŠNÍK
POLÉVKA

24 - Beauté

J	X	X	W	R	K	A	D	E	Ř	B	T	P	B	A
E	O	X	C	V	T	U	X	L	G	P	B	X	K	R
K	L	U	D	Ů	N	Ě	T	N	H	I	P	W	P	G
J	D	E	H	N	I	A	N	M	I	L	O	S	T	U
K	A	F	G	Ě	L	J	Y	K	K	O	U	Z	L	O
Ů	C	O	E	A	R	E	I	I	A	E	A	S	Ý	E
Ž	R	T	L	K	N	K	O	S	M	E	T	I	K	A
E	Z	O	E	N	O	C	H	R	E	B	K	E	D	A
I	K	G	G	E	P	V	E	Y	F	M	R	I	A	T
O	P	E	A	S	M	K	B	M	Y	B	Ž	U	L	S
L	Z	N	N	A	A	V	R	A	B	K	X	P	H	I
E	N	I	T	Ř	Š	J	L	K	I	T	Ž	S	W	L
J	G	C	N	B	Y	I	K	E	F	S	L	Ů	G	Y
E	U	K	Í	H	U	B	C	U	K	J	E	Y	N	T
Y	V	Ý	M	F	T	C	C	P	T	V	J	J	X	S

KADEŘ
KOUZLO
NŮŽKY
KOSMETIKA
BARVA
ELEGANCE
ELEGANTNÍ
MILOST
OLEJE
HLADKÝ

MAKEUP
ŘASENKA
ZRCADLO
VŮNĚ
KŮŽE
FOTOGENICKÝ
RTĚNKA
SLUŽBY
ŠAMPON
STYLISTA

25 - Avions

P	T	U	O	N	K	U	O	F	A	N	N	V	H	T
U	I	N	V	A	T	T	R	O	T	O	M	O	I	U
S	O	L	Z	Ý	M	T	Ě	E	M	A	T	D	S	R
K	P	N	O	T	Š	V	M	U	O	P	T	Í	T	B
N	E	B	E	T	N	K	S	B	S	Ř	W	K	O	U
V	D	A	E	E	S	J	A	U	F	I	D	U	R	L
K	Z	P	A	L	I	V	O	B	É	S	D	K	I	E
A	K	D	Á	S	O	P	A	B	R	T	Y	Z	E	N
G	E	P	U	T	S	E	S	S	A	Á	N	D	N	C
R	C	W	E	C	K	U	R	T	S	N	O	K	S	E
B	A	L	Ó	N	H	H	A	L	U	Í	W	I	N	P
D	O	B	R	O	D	R	U	Ž	S	T	V	Í	T	G
V	R	T	U	L	E	C	E	S	T	U	J	Í	C	Í
E	F	G	L	O	R	W	L	P	M	O	L	Y	K	E
V	V	Y	A	B	U	Z	L	O	T	D	M	M	B	B

VZDUCH
ATMOSFÉRA
PŘISTÁNÍ
DOBRODRUŽSTVÍ
BALÓN
PALIVO
NEBE
KONSTRUKCE
SESTUP
SMĚR

POSÁDKA
NAFOUKNOUT
VÝŠKA
VRTULE
HISTORIE
VODÍK
MOTOR
CESTUJÍCÍ
PILOT
TURBULENCE

26 - Aventure

P	S	S	J	C	B	N	M	T	D	D	K	Š	T	N
Ř	U	T	P	P	U	V	E	S	V	A	R	A	S	A
E	I	A	Ř	Ř	F	X	J	O	V	X	Á	N	O	V
K	T	T	Í	Í	E	U	U	N	B	L	S	C	T	I
V	I	E	P	R	D	N	T	Č	X	V	A	E	I	G
A	N	Č	R	O	G	O	S	E	R	D	Y	U	Ž	A
P	E	N	A	D	C	M	E	P	D	E	N	K	E	C
I	R	O	V	A	I	T	C	Z	D	S	A	N	L	E
V	Á	S	A	V	Z	N	L	E	U	T	K	A	Í	Ý
Ý	Ř	T	C	R	H	J	V	B	P	I	T	D	Ř	V
O	B	T	Í	Ž	N	O	S	T	E	N	I	Š	P	O
N	E	B	E	Z	P	E	Č	N	Ý	A	V	E	B	N
K	U	P	A	L	N	J	D	A	G	C	I	N	C	X
E	E	S	E	L	Ý	K	R	K	K	E	T	Í	M	Z
R	A	D	O	S	T	V	E	J	R	S	A	M	K	T

AKTIVITA
KRÁSA
STATEČNOST
ŠANCE
NEBEZPEČNÝ
DESTINACE
OBTÍŽNOST
NADŠENÍ
VÝLET
NEOBVYKLÝ
ITINERÁŘ
RADOST
PŘÍRODA
NAVIGACE
NOVÝ
PŘÍLEŽITOST
PŘÍPRAVA
BEZPEČNOST
PŘEKVAPIVÝ
CESTUJE

27 - Ville

L	W	C	O	Z	G	M	U	Z	E	U	M	H	J	B
É	F	N	N	E	J	A	K	N	A	B	A	O	D	M
K	I	P	H	I	M	T	L	E	V	I	Í	T	S	A
Á	F	M	Ě	T	Š	I	T	E	L	N	V	E	U	K
R	V	G	P	P	F	Z	V	C	R	Ó	T	L	P	N
N	T	W	L	F	X	R	P	A	E	I	C	X	E	I
A	R	Ř	A	K	N	E	I	R	G	D	E	I	R	H
K	H	Á	K	A	E	V	M	U	W	A	P	B	M	O
H	L	N	Z	X	A	I	Y	A	L	T	U	G	A	V
C	R	I	R	B	N	N	U	T	B	S	K	T	R	N
L	K	T	N	G	R	U	C	S	G	O	H	J	K	A
K	D	Ě	I	I	Á	V	G	E	K	P	I	G	E	G
Z	M	V	X	Y	K	O	H	R	K	I	N	O	T	E
L	O	K	A	X	E	A	L	O	K	Š	K	R	K	U
U	L	O	N	P	P	D	I	V	A	D	L	O	D	A

LETIŠTĚ
BANKA
KNIHOVNA
PEKÁRNA
KINO
KLINIKA
ŠKOLA
KVĚTINÁŘ
GALERIE
HOTEL

KNIHKUPECTVÍ
TRH
MUZEUM
LÉKÁRNA
RESTAURACE
STADIÓN
SUPERMARKET
DIVADLO
UNIVERZITA
ZOO

28 - Ingénierie

P	E	U	F	D	M	U	U	A	D	L	M	K	S	K
G	R	H	K	I	O	O	P	Á	K	Y	Ě	O	T	A
L	G	Ů	J	K	F	A	T	F	A	N	Ř	N	A	P
E	V	D	M	E	M	L	E	O	V	S	E	S	B	A
H	N	F	D	Ě	N	Í	Č	B	R	T	N	T	I	L
Ú	R	E	J	J	R	S	O	R	Y	R	Í	R	L	I
A	O	V	R	H	L	T	P	R	F	O	V	U	I	N
N	T	N	K	G	S	H	Ý	T	K	J	N	K	T	A
W	A	J	N	M	I	X	V	A	I	C	X	C	A	Y
W	C	W	N	A	V	E	V	F	T	M	B	E	G	S
J	E	D	I	S	T	R	I	B	U	C	E	U	N	V
D	J	N	P	O	H	O	N	H	L	O	U	B	K	A
D	I	A	G	R	A	M	V	J	C	J	H	A	B	W
R	I	S	T	R	U	K	T	U	R	A	H	A	K	I
C	L	R	F	U	V	V	I	N	R	S	E	X	V	K

ÚHEL
OSA
VÝPOČET
KONSTRUKCE
DIAGRAM
PRŮMĚR
NAFTA
DISTRIBUCE
ENERGIE
SÍLA

PÁKY
KAPALINA
STROJ
MĚŘENÍ
MOTOR
HLOUBKA
POHON
ROTACE
STABILITA
STRUKTURA

29 - Énergie

P	R	Ů	M	Y	S	L	B	K	L	B	F	T	R	J
M	O	T	O	R	X	U	A	T	F	A	N	E	N	J
V	Í	T	R	N	T	G	T	Z	Z	G	T	P	L	E
L	N	M	H	O	U	K	E	F	Y	F	U	L	V	Y
Y	I	R	V	R	R	J	R	Y	M	C	A	O	G	H
I	Y	U	Z	T	B	A	I	B	E	N	Z	Í	N	E
V	O	D	Í	K	Í	D	E	S	K	O	D	R	A	N
L	V	U	S	E	N	E	N	U	U	T	J	A	B	T
A	W	B	H	L	A	R	O	E	E	O	N	Z	T	R
U	S	S	O	E	T	N	B	O	C	F	N	U	L	O
P	H	L	W	Y	G	Ý	G	V	L	U	H	R	U	P
H	Á	L	U	Z	N	E	Č	I	Š	T	Ě	N	Í	I
K	N	R	Í	N	J	S	L	L	R	G	Z	C	X	E
R	L	M	A	K	C	H	K	A	P	Y	I	T	I	X
A	A	M	G	S	D	E	V	P	S	G	A	X	R	C

BATERIE
UHLÍK
PALIVO
TEPLO
NAFTA
ENTROPIE
BENZÍN
ELEKTRON
VODÍK
PRŮMYSL
MOTOR
JADERNÝ
FOTON
ZNEČIŠTĚNÍ
SLUNCE
TURBÍNA
PÁRA
VÍTR

30 - Corps Humain

P	J	G	U	S	B	O	G	K	E	R	I	K	H	E
B	Z	T	V	Á	Ř	H	L	O	L	Y	T	R	L	Y
B	F	O	U	T	N	X	B	T	R	W	S	K	A	Z
T	U	U	G	K	J	O	V	N	U	K	U	U	V	F
U	F	K	K	L	E	O	S	Í	P	R	S	T	A	P
L	T	L	K	R	N	S	T	K	H	L	W	S	F	G
D	D	K	S	A	R	U	K	A	G	J	B	I	H	O
U	K	U	V	M	J	W	Y	F	K	Ú	G	L	T	E
H	V	V	A	E	C	D	R	S	M	S	Z	E	R	L
Y	D	L	U	N	R	M	L	T	F	T	F	Č	T	I
K	K	J	C	O	Y	K	O	A	D	A	R	B	Y	E
E	Ů	Z	H	B	H	W	K	K	O	L	E	N	O	Z
Z	A	Ž	O	D	E	K	E	D	U	L	A	Ž	N	F
O	V	B	E	H	G	Z	T	E	Y	C	K	E	I	P
M	A	F	J	C	W	G	F	G	C	K	S	H	R	Y

ÚSTA
MOZEK
KOTNÍK
KRK
LOKET
SRDCE
PRST
ŽALUDEK
RAMENO
KOLENO

RTY
RUKA
ČELIST
BRADA
NOS
UCHO
KŮŽE
KREV
HLAVA
TVÁŘ

31 - Biologie

L	E	H	J	R	S	J	Y	B	T	A	K	Y	W	H
A	N	A	T	O	M	I	E	U	H	X	U	V	B	O
S	K	I	J	E	V	R	G	Ň	C	N	P	Y	B	R
E	M	B	R	Y	O	Ý	C	K	E	L	K	N	C	M
B	N	E	R	V	X	M	V	A	V	N	P	C	G	O
A	S	Y	M	B	I	Ó	Z	A	A	H	Z	K	V	N
K	R	V	C	T	G	Z	B	A	S	P	E	Y	X	E
T	I	M	F	T	N	O	H	M	L	J	U	A	M	G
E	N	I	M	X	C	M	L	W	E	P	R	D	B	A
R	E	M	P	W	R	O	O	S	M	Ó	Z	A	F	L
I	U	Í	N	D	O	R	Í	Ř	P	D	B	Z	O	O
E	R	A	U	W	N	H	S	Y	N	A	P	S	E	K
Z	O	M	U	T	A	C	E	R	M	I	M	I	M	A
D	N	T	F	O	T	O	S	Y	N	T	É	Z	A	B
B	Í	L	K	O	V	I	N	A	F	F	S	H	A	T

ANATOMIE
BAKTERIE
BUŇKA
CHROMOZÓM
KOLAGEN
EMBRYO
ENZYM
VÝVOJ
HORMON
SAVEC
MUTACE
PŘÍRODNÍ
NERV
NEURON
OSMÓZA
FOTOSYNTÉZA
BÍLKOVINA
PLAZ
SYMBIÓZA
SYNAPSE

32 - Épices

L	O	P	K	Y	E	L	K	Y	N	E	F	I	U	Č
S	V	U	Í	N	H	P	Y	Y	H	O	R	K	Ý	E
L	A	A	C	S	X	X	J	L	S	Y	C	J	K	S
W	W	J	K	S	K	S	E	U	P	E	R	V	S	N
C	I	B	U	L	E	A	M	G	E	H	L	V	K	E
C	I	R	G	F	R	J	V	N	P	N	Ů	Ý	O	K
K	U	I	L	C	N	U	W	I	Ř	U	S	L	Ř	P
L	A	D	I	V	U	B	I	O	C	X	P	É	I	A
R	K	R	D	N	A	I	R	O	K	E	Ř	K	C	P
L	L	V	I	Á	K	M	Í	N	O	D	Í	O	E	R
I	I	G	U	R	O	V	Z	Á	Z	N	C	Ř	H	I
T	N	D	H	F	N	M	Ý	B	B	A	H	I	X	K
K	A	R	D	A	M	O	N	X	F	G	U	C	A	A
R	V	R	D	Š	I	C	A	W	U	L	Ť	E	P	C
X	A	O	V	K	A	W	H	D	W	T	G	A	G	N

KYSELÝ
ČESNEK
HORKÝ
ANÝZ
SKOŘICE
KARDAMON
KORIANDR
KMÍN
KARI
FENYKL
PÍSKAVICE
ZÁZVOR
CIBULE
PAPRIKA
PEPŘ
LÉKOŘICE
ŠAFRÁN
PŘÍCHUŤ
SŮL
VANILKA

33 - Agronomie

V	I	I	V	V	D	W	V	A	N	E	M	E	S	P
E	D	S	S	O	V	E	N	Ý	A	I	E	N	H	Ů
N	E	N	T	L	D	H	K	G	R	G	E	U	N	D
K	N	R	U	D	S	A	D	O	K	O	H	U	O	A
O	T	Í	D	Í	Y	N	A	U	L	L	B	V	J	S
V	I	V	O	J	S	I	Y	V	R	O	O	A	I	D
S	F	T	V	X	T	N	M	I	O	K	F	J	V	G
K	I	S	A	A	É	E	Z	O	R	E	J	Y	O	Z
Ý	K	L	T	E	M	L	E	I	O	L	R	Ů	S	T
H	A	Ě	Z	B	Y	E	E	C	V	V	B	L	R	D
V	C	D	X	A	D	Z	U	O	J	J	A	B	Z	J
Z	E	Ě	Ě	F	G	B	F	M	P	M	K	K	U	Y
V	Z	M	J	V	F	Y	E	E	N	E	R	G	I	E
Z	N	E	Č	I	Š	T	Ě	N	Í	V	Y	P	U	D
Y	Z	Z	G	G	V	Ý	Z	K	U	M	P	A	D	G

ZEMĚDĚLSTVÍ
RŮST
VODA
HNOJIVO
EKOLOGIE
ENERGIE
EROZE
STUDOVAT
SEMENA
IDENTIFIKACE
ZELENINA
NEMOCI
JÍDLO
ZNEČIŠTĚNÍ
VÝROBA
VÝZKUM
VENKOVSKÝ
VĚDA
PŮDA
SYSTÉMY

34 - Science

M	O	T	A	D	O	R	Í	Ř	P	D	E	G	V	G
E	M	O	L	E	K	U	L	Y	J	F	A	U	Ý	R
T	H	Y	P	O	T	É	Z	A	J	D	M	J	V	A
O	O	C	H	E	M	I	C	K	Ý	Z	A	K	O	V
D	Č	Á	S	T	I	C	E	L	A	A	F	T	J	I
A	E	X	Í	N	Á	V	O	R	O	Z	O	P	A	T
X	M	X	Y	F	F	Y	Z	I	K	A	S	C	Z	A
P	T	I	P	U	E	V	M	F	W	B	I	B	Y	C
Y	W	X	L	E	G	C	O	C	O	A	L	V	S	E
S	L	Y	U	K	R	X	X	N	I	F	I	Y	J	K
F	U	A	H	G	C	I	Y	L	Á	R	E	N	I	M
F	P	E	D	I	S	U	M	S	I	N	A	G	R	O
S	C	T	V	N	Y	A	C	E	D	Ě	V	C	L	C
L	A	B	O	R	A	T	O	Ř	N	G	H	P	H	N
S	K	U	T	E	Č	N	O	S	T	T	O	W	B	L

ATOM
CHEMICKÝ
KLIMA
DATA
EXPERIMENT
VÝVOJ
SKUTEČNOST
FOSILIE
GRAVITACE
HYPOTÉZA
LABORATOŘ
METODA
MINERÁLY
MOLEKULY
PŘÍRODA
POZOROVÁNÍ
ORGANISMUS
ČÁSTICE
FYZIKA
VĚDEC

35 - Vêtements

Š	C	K	W	A	S	Á	P	B	N	O	O	H	O	Y
K	Á	B	D	M	V	O	F	O	O	T	S	P	B	A
Y	O	T	N	M	E	S	A	M	T	Y	Y	K	Y	C
J	T	Š	E	L	T	F	D	A	R	Ě	T	S	Á	Z
Z	Z	K	I	K	R	O	Ó	Ž	Y	A	A	T	O	B
F	Z	O	N	L	M	M	M	Y	Í	Ě	Š	H	A	H
T	T	K	I	A	E	Z	M	P	L	N	L	K	N	A
N	Á	H	R	D	E	L	N	Í	K	K	Y	A	Á	L
B	B	U	I	P	U	P	K	J	U	U	L	L	R	E
D	A	D	N	U	B	L	E	N	O	S	Á	H	A	N
B	K	V	P	D	F	M	D	O	B	E	D	O	M	K
R	U	K	A	V	I	C	E	W	O	A	N	T	E	A
V	R	Y	W	C	N	J	R	M	L	N	A	Y	K	E
T	P	E	P	M	Y	B	C	H	K	D	S	A	P	N
F	D	R	T	R	L	V	M	B	D	X	G	V	P	C

NÁRAMEK
PÁS
KLOBOUK
BOTA
KOŠILE
HALENKA
NÁHRDELNÍK
ŠÁTEK
RUKAVICE
DŽÍNY

SUKNĚ
KABÁT
MÓDA
KALHOTY
SVETR
PYŽAMO
ŠATY
SANDÁLY
ZÁSTĚRA
BUNDA

36 - Méditation

P	V	D	Ě	Č	N	O	S	T	P	L	U	U	I	P
O	Ř	W	G	Z	F	D	Z	F	R	A	K	M	D	Ř
T	T	I	C	U	O	S	A	A	O	S	L	L	E	Í
H	W	O	J	E	F	O	R	G	B	K	I	Č	Y	R
Í	N	M	F	E	J	L	P	X	U	A	D	E	P	O
N	S	U	X	C	T	X	E	M	D	V	N	T	T	D
V	E	Z	T	V	Z	Í	R	T	I	O	I	Y	S	A
E	A	G	N	Í	V	N	S	S	T	S	T	S	O	N
Š	M	D	V	D	Y	Á	P	O	A	T	C	V	N	H
U	O	O	L	C	K	H	E	N	C	V	M	Y	S	L
D	S	Y	C	T	Y	C	K	R	M	Í	R	T	A	A
E	W	R	M	E	X	Ý	T	O	E	V	D	J	J	L
H	U	D	B	A	J	D	I	Z	D	V	K	W	X	L
J	T	I	J	Í	N	Á	V	O	R	O	Z	O	P	X
D	H	I	S	W	R	T	A	P	D	T	K	L	W	B

PŘIJETÍ
POZORNOST
UKLIDNIT
JASNOST
SOUCIT
MYSL
EMOCE
PROBUDIT
LASKAVOST
VDĚČNOST

ZVYKY
DUŠEVNÍ
HNUTÍ
HUDBA
PŘÍRODA
POZOROVÁNÍ
MÍR
PERSPEKTIVA
DÝCHÁNÍ
UMLČET

37 - Littérature

V	Y	P	R	A	V	Ě	Č	A	E	R	X	N	X	S
A	N	A	L	O	G	I	E	J	N	I	H	D	D	T
O	S	S	C	W	T	R	Y	Z	S	A	V	V	H	Y
Z	Y	W	R	O	T	U	A	Á	P	M	L	V	N	L
D	G	S	Y	O	G	W	N	V	G	U	S	Ý	R	E
Y	A	G	A	B	V	K	Z	Ě	Z	G	A	A	Z	M
W	S	F	Z	I	E	N	C	R	R	O	M	Á	N	A
S	I	P	O	P	J	L	Á	W	K	L	Ý	H	B	U
U	X	F	M	U	Y	Y	E	N	Y	A	R	M	H	T
M	E	T	A	F	O	R	A	T	Í	I	A	W	B	H
T	P	O	E	T	I	C	K	Ý	R	D	G	C	X	Y
Y	T	É	M	A	Y	V	O	S	F	I	W	H	V	J
R	A	N	E	K	D	O	T	A	G	Ň	E	S	Á	B
A	Ž	I	V	O	T	O	P	I	S	J	N	U	Y	J
K	T	R	A	G	É	D	I	E	W	D	M	I	T	S

ANALOGIE
ANALÝZA
ANEKDOTA
AUTOR
ŽIVOTOPIS
SROVNÁNÍ
ZÁVĚR
POPIS
DIALOG
BELETRIE
METAFORA
VYPRAVĚČ
BÁSEŇ
POETICKÝ
RÝM
ROMÁN
RYTMUS
STYL
TÉMA
TRAGÉDIE

38 - Nourriture #1

M	U	F	N	E	M	Č	E	J	Č	E	S	N	E	K
R	O	Y	A	K	L	A	Z	A	B	O	B	Í	C	K
K	U	F	V	B	É	U	B	N	E	T	Š	Ř	G	F
E	A	K	Á	X	K	F	B	N	O	R	P	U	P	M
V	I	V	Ť	A	O	Z	J	I	B	D	E	T	O	W
H	Z	V	Š	H	R	B	H	A	C	L	N	Á	L	W
H	K	J	A	H	O	D	A	I	T	F	Á	L	É	A
V	W	Y	L	F	Y	N	Y	F	P	E	T	A	V	S
C	C	N	X	M	G	H	Z	L	F	E	S	S	K	N
N	U	F	N	S	Ů	L	R	Z	N	H	I	K	A	M
W	C	K	C	I	T	R	O	N	G	R	K	A	M	K
T	O	B	R	D	T	R	V	S	I	U	Á	Á	K	N
M	A	S	O	V	L	N	N	I	X	Š	Ň	L	V	V
S	K	O	Ř	I	C	E	T	W	V	K	U	W	F	A
L	V	V	E	Y	J	T	M	B	Y	A	T	B	V	M

ČESNEK
BAZALKA
KÁVA
SKOŘICE
MRKEV
CITRON
ŠPENÁT
JAHODA
ŠŤÁVA
MLÉKO
TUŘÍN
CIBULE
JEČMEN
HRUŠKA
SALÁT
SŮL
POLÉVKA
CUKR
TUŇÁK
MASO

39 - Jours et Mois

R	G	X	X	X	Ú	N	O	R	N	E	D	Ě	L	E
V	L	I	S	T	O	P	A	D	E	E	X	F	T	S
M	S	T	Ř	E	D	A	Č	N	B	M	P	S	V	W
Ě	R	X	M	J	O	C	E	Y	U	F	P	R	P	L
S	I	L	Z	I	N	L	R	U	D	N	H	F	S	C
Í	Ř	Á	Z	X	Y	R	V	Z	Č	E	O	T	P	H
C	X	O	X	X	D	V	E	E	N	E	Z	E	Ř	B
R	D	G	X	B	H	S	N	A	E	Ý	R	E	T	Ú
S	E	W	T	F	S	K	E	C	J	K	G	V	K	W
Z	R	K	B	O	E	J	C	W	Í	H	C	J	E	C
L	E	D	E	N	E	D	Ý	T	Ř	D	N	E	T	N
S	O	B	O	T	A	M	N	H	J	W	F	P	R	I
N	M	W	N	A	Á	R	V	G	J	F	T	U	V	S
J	J	R	B	I	H	P	O	N	D	Ě	L	Í	T	W
K	A	L	E	N	D	Á	Ř	F	E	X	L	B	Č	F

SRPEN
DUBEN
KALENDÁŘ
NEDĚLE
ÚNOR
LEDEN
ČTVRTEK
ČERVENEC
ČERVEN
PONDĚLÍ
ÚTERÝ
BŘEZEN
STŘEDA
MĚSÍC
LISTOPAD
ŘÍJEN
SOBOTA
TÝDEN
ZÁŘÍ
PÁTEK

40 - Entreprise

H	D	X	T	V	T	C	Í	K	A	Y	X	S	N	Z
B	W	O	O	C	D	R	Ž	A	D	B	T	P	Á	A
Z	T	C	L	E	I	M	O	N	O	K	E	O	K	M
P	I	M	M	C	Z	M	B	C	H	P	Č	L	L	Ě
R	W	S	R	K	V	N	Z	E	C	Ř	O	E	A	S
O	S	V	K	A	K	G	A	L	B	Í	P	Č	D	T
D	P	S	Z	S	E	A	N	Á	O	J	Z	N	Y	N
E	E	D	V	N	U	T	R	Ř	I	E	O	O	T	A
J	N	L	Y	A	U	W	Á	I	L	M	R	S	D	V
H	Í	B	I	R	C	Y	V	A	É	T	J	T	N	A
S	Z	E	J	T	V	Z	O	N	B	R	T	U	D	T
C	E	C	E	N	A	N	T	S	Ě	M	A	Z	B	E
T	U	C	B	C	X	R	E	C	N	A	N	I	F	L
I	N	V	E	S	T	I	C	E	A	W	Ě	Z	L	D
D	M	U	C	E	X	Y	J	O	D	F	M	J	M	W

PENÍZE
OBCHOD
ROZPOČET
KANCELÁŘ
KARIÉRA
NÁKLADY
MĚNA
ZAMĚSTNAVATEL
ZAMĚSTNANEC
SPOLEČNOST
EKONOMIE
FINANCE
DANĚ
INVESTICE
ZBOŽÍ
ZISK
PŘÍJEM
TRANSAKCE
TOVÁRNA
PRODEJ

41 - Activités

A	K	I	T	S	I	R	U	T	Z	P	Ř	K	D	O
K	F	K	L	H	Y	G	A	D	A	O	E	E	E	K
T	S	O	N	D	E	V	O	D	H	T	M	M	F	F
I	K	Z	W	C	H	O	M	S	R	Ě	E	P	S	O
V	V	E	Y	M	R	L	A	K	A	Š	S	O	W	T
I	M	O	R	L	Y	R	G	Z	D	E	L	V	L	O
T	X	A	L	A	A	N	I	Á	N	N	A	Á	R	G
A	S	S	L	N	M	J	E	J	I	Í	U	N	Y	R
U	R	N	W	O	Ý	I	A	M	Č	H	V	Í	B	A
U	K	F	R	T	V	Č	K	Y	E	A	B	T	O	F
L	K	W	X	H	L	Á	A	A	N	C	D	I	L	O
P	U	J	L	C	C	H	N	S	Í	E	R	Š	O	V
C	Č	T	E	N	Í	F	S	Í	N	Ě	M	U	V	Á
M	L	P	A	C	U	P	J	V	I	C	R	N	F	N
S	R	E	L	A	X	A	C	E	W	N	C	J	O	Í

AKTIVITA
UMĚNÍ
ŘEMESLA
KEMPOVÁNÍ
KERAMIKA
LOV
DOVEDNOST
ŠITÍ
ZÁJMY
ZAHRADNIČENÍ
HRY
ČTENÍ
VOLNÝ ČAS
MAGIE
MALOVÁNÍ
RYBOLOV
FOTOGRAFOVÁNÍ
POTĚŠENÍ
TURISTIKA
RELAXACE

42 - Mode

U	E	T	L	A	Č	Í	T	K	A	P	O	L	L	S
X	T	L	P	Ů	V	O	D	N	Í	O	B	T	A	O
T	N	Y	E	E	M	I	V	S	J	H	L	M	P	F
C	A	T	D	G	R	U	Y	L	U	O	E	M	R	I
J	X	S	D	Z	A	A	U	R	H	D	Č	O	A	S
C	M	V	N	T	Y	N	V	I	E	L	E	D	K	T
M	Ě	Ř	E	N	Í	I	T	Ý	L	N	N	E	T	I
P	T	Y	R	C	B	N	W	N	Š	Ý	Í	R	I	K
T	E	X	T	U	R	A	J	H	Í	I	C	N	C	O
B	U	T	I	K	O	K	X	D	I	L	V	Í	K	V
F	P	I	W	P	Z	T	V	A	R	D	I	K	Ý	A
V	R	E	Z	Z	V	Z	W	X	T	A	G	H	A	N
K	K	Z	H	J	K	R	A	J	K	A	H	E	W	Ý
S	K	R	O	M	N	Ý	C	X	I	R	U	Ý	H	F
J	E	D	N	O	D	U	C	H	Ý	U	E	I	V	U

BUTIK
TLAČÍTKA
VÝŠIVKA
DRAHÝ
POHODLNÝ
KRAJKA
ELEGANTNÍ
MĚŘENÍ
MODERNÍ
SKROMNÝ
VZOR
PŮVODNÍ
PRAKTICKÝ
JEDNODUCHÝ
SOFISTIKOVANÝ
STYL
TREND
TEXTURA
TKANINA
OBLEČENÍ

43 - Fleurs

D	Y	N	M	B	S	F	N	Á	P	I	L	U	T	L
F	D	T	J	G	E	H	J	R	A	R	B	J	I	X
Y	G	G	C	Z	D	S	E	A	M	W	O	K	V	L
X	R	I	C	P	M	E	G	J	P	X	G	K	G	E
J	E	T	E	L	I	A	I	R	E	M	U	L	P	V
R	Ů	Ž	E	C	K	P	Z	S	L	W	G	K	R	A
Š	P	I	I	A	R	J	E	D	I	H	C	R	O	N
E	I	B	N	K	Á	M	G	G	Š	Z	J	Y	V	D
Ř	J	I	É	Ň	S	N	A	Z	K	S	X	N	K	U
Í	A	Š	D	O	K	H	A	G	A	X	E	Z	G	L
K	S	E	R	V	A	I	N	R	N	W	P	W	D	E
J	M	K	A	I	A	A	N	D	C	Ó	U	K	T	P
B	Í	G	G	P	J	C	M	G	E	I	L	I	L	S
H	N	E	C	I	N	Č	E	N	U	L	S	I	H	I
K	Y	T	I	C	E	M	U	Č	E	N	K	A	E	L

KYTICE
GARDÉNIE
IBIŠEK
JASMÍN
NARCIS
LEVANDULE
ŠEŘÍK
LILIE
MAGNÓLIE
SEDMIKRÁSKA
ORCHIDEJ
MUČENKA
MÁK
PAMPELIŠKA
PIVOŇKA
PLUMERIA
RŮŽE
SLUNEČNICE
JETEL
TULIPÁN

44 - Nourriture #2

D	M	M	E	R	C	D	X	D	H	R	J	I	T	B
C	A	Y	T	F	E	Č	I	N	H	X	I	J	Ř	R
G	N	B	F	R	L	F	O	W	D	F	W	N	E	O
L	G	Y	Y	L	E	M	X	K	E	L	I	L	Š	K
I	O	D	S	R	R	Z	V	H	O	E	K	Z	E	O
Š	U	N	K	A	U	Y	V	O	J	L	N	G	Ň	L
P	Š	E	N	I	C	E	I	U	A	D	Á	T	P	I
Z	V	C	A	U	G	P	G	B	G	N	N	D	O	C
J	A	B	L	K	O	S	W	A	A	A	A	O	A	E
I	J	É	O	F	Y	S	N	S	N	M	B	R	V	W
R	V	L	M	Z	T	Y	R	Ý	Ž	E	C	J	E	V
A	D	H	X	H	B	Z	O	K	S	Ř	Z	S	K	J
J	F	C	B	O	Z	Z	D	E	A	U	W	O	C	E
Č	R	H	F	E	D	O	A	Y	B	K	Y	D	R	M
E	B	C	O	R	H	J	U	G	S	L	B	L	G	H

MANDLE
LILEK
BANÁN
PŠENICE
BROKOLICE
TŘEŠEŇ
CELER
HOUBA
ČOKOLÁDA
ŠUNKA

KIWI
MANGO
VEJCE
CHLÉB
RYBA
JABLKO
KUŘE
HROZEN
RÝŽE
RAJČE

45 - Algèbre

T	Z	O	D	C	X	T	D	M	R	B	A	Y	J	G
A	N	A	D	E	S	Y	O	A	L	U	N	O	Ý	E
J	H	E	C	I	T	A	M	R	Ř	E	Š	E	N	Í
R	O	V	N	I	C	E	A	G	N	N	X	T	Č	V
G	L	Y	M	O	I	C	F	A	K	T	O	R	E	T
R	S	A	W	A	P	F	J	I	U	I	V	Y	N	S
A	Í	N	V	G	X	X	Y	D	L	I	Z	L	O	Ž
F	Č	C	E	X	N	C	E	R	O	Z	V	S	K	O
P	R	O	B	L	É	M	C	K	L	C	D	J	E	N
O	A	U	P	R	O	M	Ě	N	N	Á	Z	R	N	M
L	I	N	E	Á	R	N	Í	M	J	A	L	A	G	R
F	A	L	E	Š	N	Ý	Z	A	K	R	O	V	Á	Z
O	D	Č	Í	T	Á	N	Í	S	I	D	M	G	B	J
Z	J	E	D	N	O	D	U	Š	I	T	E	T	U	G
J	N	T	Z	X	B	H	L	L	J	P	K	E	R	N

DIAGRAM
EXPONENT
ROVNICE
FAKTOR
FALEŠNÝ
VZOREC
ZLOMEK
GRAF
NEKONEČNÝ
LINEÁRNÍ
MATICE
ČÍSLO
ZÁVORKA
PROBLÉM
MNOŽSTVÍ
ZJEDNODUŠIT
ŘEŠENÍ
ODČÍTÁNÍ
PROMĚNNÁ
NULA

46 - Océan

S	L	Ž	O	J	V	A	Z	Ú	D	E	M	R	C	Z
S	L	N	R	H	J	S	G	S	L	B	P	A	H	P
Y	W	A	W	A	B	Y	R	T	S	A	X	A	O	F
C	U	N	D	Ú	L	R	P	Ř	O	H	Ú	E	B	H
L	L	C	V	T	G	O	R	I	C	H	K	Y	O	T
G	Z	N	L	E	K	F	K	C	I	T	C	A	T	R
C	F	Í	J	S	M	O	N	E	Ř	U	O	B	N	U
A	F	F	Z	W	F	N	R	I	B	J	I	A	I	U
V	E	L	R	Y	B	A	K	Á	Ň	U	T	R	C	S
L	T	E	D	L	C	B	T	L	L	O	N	K	E	R
E	J	D	V	O	V	U	K	E	F	M	H	F	P	U
Ž	S	I	Y	Ď	Z	O	P	Y	V	I	L	Í	Ř	P
J	Ů	K	L	J	H	H	V	N	V	E	X	M	F	N
T	L	H	W	U	S	X	E	L	C	N	R	R	E	Y
G	J	Z	M	L	G	J	H	V	C	K	V	K	P	H

ÚHOŘ
VELRYBA
LOĎ
KORÁL
KRAB
KREVETA
DELFÍN
HOUBA
ÚSTŘICE
PŘÍLIVY
MEDÚZA
RYBA
CHOBOTNICE
ŽRALOK
ÚTES
SŮL
BOUŘE
TUŇÁK
ŽELVA
VLNY

47 - Remplir

Z	Y	W	I	P	F	Y	I	D	T	T	G	A	D	M
M	Á	A	V	E	O	C	E	B	U	O	V	H	S	P
I	X	S	S	C	M	V	N	H	C	F	F	R	L	K
P	A	P	O	I	R	L	O	P	Z	V	V	L	V	M
W	F	A	K	B	U	R	T	D	K	Á	N	A	F	R
U	F	K	T	A	N	X	R	K	Í	Z	L	P	G	U
B	Z	S	S	R	C	Í	A	Í	X	A	T	L	P	U
E	R	F	U	K	G	A	K	L	Á	B	O	A	L	J
T	S	B	W	Í	I	K	P	P	K	A	I	V	K	N
V	E	H	Á	L	F	Š	O	U	E	H	B	I	L	I
C	N	I	L	E	R	A	B	Š	Č	U	I	D	B	F
Y	M	D	X	B	E	T	V	H	Í	I	G	L	C	L
T	P	P	A	K	Ž	O	L	S	L	K	M	O	T	U
S	K	L	E	N	I	C	E	E	A	N	D	E	B	G
B	Y	P	Y	J	X	S	X	D	B	N	K	K	N	V

BAREL
POVODÍ
KRABICE
LÁHEV
BEDNA
KARTON
SLOŽKA
OBÁLKA
PLAVIDLO
KOŠÍK
BALÍČEK
ZÁSOBNÍK
KAPSA
SKLENICE
TAŠKA
KBELÍK
ŠUPLÍK
TRUBKA
KUFR
VÁZA

48 - Antiquités

H	D	V	I	B	F	O	L	M	X	P	K	P	E	X
S	B	E	S	T	Y	L	F	V	C	V	O	X	L	J
C	O	Ý	K	C	I	T	N	E	T	U	A	J	E	A
E	F	C	F	O	G	A	L	E	R	I	E	K	G	U
N	I	T	H	F	R	H	J	R	I	W	A	V	A	K
A	H	X	N	A	D	A	T	O	N	D	O	H	N	C
O	K	Š	Z	T	M	Í	T	E	L	O	T	S	T	E
I	W	P	Z	I	R	I	B	I	K	T	H	R	N	S
J	J	E	C	L	V	G	N	P	V	M	Y	D	Í	T
E	Y	R	M	A	L	B	Y	C	B	N	T	G	X	A
Ý	L	K	Y	V	B	O	E	N	E	P	Í	F	R	R
E	M	Y	V	K	I	N	V	E	S	T	I	C	E	Ý
R	A	F	T	Z	F	U	M	Ě	N	Í	V	B	C	K
N	Á	B	Y	T	E	K	J	W	N	B	P	S	G	O
O	B	N	O	V	E	N	Í	O	Z	U	W	T	S	T

UMĚNÍ
AUTENTICKÝ
ŠPERKY
DEKORATIVNÍ
AUKCE
ELEGANTNÍ
GALERIE
NEOBVYKLÝ
INVESTICE
NÁBYTEK
MALBY
MINCE
CENA
KVALITA
OBNOVENÍ
SOCHA
STOLETÍ
STYL
HODNOTA
STARÝ

49 - Boxe

R	R	Z	G	S	C	O	T	V	C	T	E	Z	F	F
X	O	B	F	Í	N	Ě	N	A	R	Z	H	W	K	D
C	T	Z	I	L	N	T	S	Ě	P	Y	O	I	V	O
L	J	D	H	A	H	Ě	L	A	N	A	R	M	M	V
R	O	D	P	O	N	L	W	Ř	E	P	U	O	S	E
Y	K	K	T	J	D	O	S	B	T	C	K	V	I	D
C	S	J	E	I	G	Č	Y	C	W	H	A	E	Z	N
H	I	Y	G	T	B	Y	Í	K	T	Z	V	N	L	O
L	N	Z	V	O	N	E	K	O	C	M	I	J	L	S
Ý	H	B	O	J	O	V	N	Í	K	R	C	C	X	T
G	O	J	S	N	W	Ý	N	A	P	R	E	Č	Y	V
K	W	F	A	C	S	P	B	D	P	D	B	O	D	Y
W	O	K	Y	I	S	D	R	A	A	Z	U	M	Y	E
H	G	P	W	B	S	A	Y	R	I	G	D	P	Y	G
Z	O	T	A	V	E	N	Í	B	Z	C	C	H	R	U

SOUPEŘ
ROZHODČÍ
ZRANĚNÍ
ZVONEK
ROH
BOJOVNÍK
DOVEDNOST
OHNISKO
LANA
TĚLO

LOKET
KOP
VYČERPANÝ
SÍLA
RUKAVICE
BRADA
PĚST
BODY
RYCHLÝ
ZOTAVENÍ

50 - Réchauffement Climatique

T	A	L	R	M	A	A	R	K	T	I	C	K	Ý	B
E	Y	Z	T	J	E	C	A	R	E	N	E	G	J	U
P	W	A	U	G	R	Z	A	F	O	P	D	D	F	D
L	M	F	B	L	O	A	I	W	M	B	Ě	V	Ě	O
O	P	R	W	F	Z	Z	D	N	H	J	V	Y	T	U
T	B	E	D	T	V	C	L	D	Á	Z	V	D	Š	C
Y	L	U	V	K	O	V	M	I	A	R	T	Z	I	N
C	N	Y	L	P	J	R	A	N	K	T	O	O	V	O
K	X	L	Á	R	A	I	T	I	N	K	A	D	O	S
Ď	U	Z	D	P	O	Z	O	R	N	O	S	T	N	T
L	E	C	A	L	U	P	O	P	K	V	I	O	A	Í
T	Z	T	U	G	E	D	J	T	L	I	I	J	T	J
E	I	G	R	E	N	E	W	V	I	E	J	V	S	Y
F	R	H	V	K	K	L	S	Y	M	Ů	R	P	Z	K
Y	K	D	E	L	S	Ů	D	H	A	N	R	W	N	Y

ARKTICKÝ
POZORNOST
KLIMA
DŮSLEDKY
KRIZE
ROZVOJ
DATA
ENERGIE
BUDOUCNOST
PLYN
GENERACE
VLÁDA
STANOVIŠTĚ
PRŮMYSL
MEZINÁRODNÍ
TEĎ
POPULACE
VĚDEC
TEPLOTY

51 - Ballet

E	I	F	A	R	G	O	E	R	O	H	C	H	N	V
P	U	B	L	I	K	U	M	Y	P	V	U	W	I	E
Z	K	O	U	Š	K	A	M	M	O	F	L	D	X	S
G	S	H	S	T	Y	L	K	Y	T	C	J	I	B	A
T	G	E	S	T	O	X	U	A	L	D	X	N	I	A
S	E	L	W	G	T	K	L	Í	E	S	Í	T	Y	X
O	U	H	L	D	E	I	Z	N	S	Ý	N	E	U	E
N	D	M	E	G	M	G	B	T	K	K	V	N	O	B
D	I	Y	T	A	N	E	Č	N	Í	C	I	Z	R	A
E	J	W	A	Y	I	B	S	A	R	E	S	I	C	L
V	Y	R	D	A	R	W	W	G	U	L	E	T	H	E
O	S	V	A	L	Y	P	A	E	N	Ě	R	A	E	R
D	L	F	L	X	R	F	Z	L	R	M	P	G	S	Í
O	Z	Ó	K	O	I	Y	P	E	F	U	X	H	T	N
M	Y	O	S	R	A	K	I	N	H	C	E	T	R	A

POTLESK
UMĚLECKÝ
BALERÍNA
CHOREOGRAFIE
DOVEDNOST
SKLADATEL
TANEČNÍCI
EXPRESIVNÍ
GESTO
ELEGANTNÍ
INTENZITA
SVALY
HUDBA
ORCHESTR
PUBLIKUM
ZKOUŠKA
RYTMUS
SÓLO
STYL
TECHNIKA

52 - Fruit

H	E	K	R	W	Ý	J	M	T	K	O	B	R	G	J
T	R	B	O	W	V	A	A	Ř	I	D	O	O	U	C
G	R	U	M	M	O	B	L	E	W	I	B	H	A	I
P	A	Z	Š	S	Ž	L	I	Š	I	J	U	E	V	T
B	A	I	P	K	N	K	N	E	V	W	L	S	A	R
A	M	P	T	H	A	O	A	Ň	E	N	E	T	K	O
N	A	E	Á	J	R	A	V	O	K	Á	D	O	N	N
Á	N	C	R	J	O	Y	Z	G	S	S	I	D	I	U
N	A	C	F	U	A	D	O	N	O	F	L	J	R	O
Z	N	F	Y	A	Ň	I	O	A	R	H	P	B	A	L
W	A	C	A	F	I	K	A	M	B	G	O	I	T	E
D	S	G	F	J	M	D	A	J	T	N	I	I	K	M
X	I	F	D	H	R	O	Z	E	N	O	Y	K	E	F
K	L	K	S	L	X	Y	I	R	E	B	L	A	N	R
V	V	B	X	F	B	J	E	A	X	L	V	H	G	H

MERUŇKA
ANANAS
AVOKÁDO
BOBULE
BANÁN
TŘEŠEŇ
CITRON
OBR
MALINA
GUAVA
KIWI
MANGO
MELOUN
NEKTARINKA
ORANŽOVÝ
PAPÁJA
BROSKEV
HRUŠKA
JABLKO
HROZEN

53 - Musique

P	E	H	W	P	M	L	H	Z	H	H	H	H	L	L
N	O	F	O	R	K	I	M	P	U	U	A	L	W	G
F	P	E	E	Y	O	X	U	Ě	D	D	R	A	K	H
K	M	L	T	Y	Ý	K	B	V	E	E	M	S	C	N
E	E	R	A	I	K	F	L	Á	B	B	O	O	O	R
M	T	Z	V	A	C	Ý	A	K	N	N	N	V	I	N
U	W	K	Í	U	I	K	N	S	Í	Í	I	Ý	E	N
Y	I	J	P	A	M	C	Ý	Á	K	L	E	S	K	A
R	T	H	Z	D	T	I	K	M	S	W	J	Y	C	H
T	V	I	I	A	Y	N	C	Y	E	T	K	G	B	R
P	T	E	M	L	R	O	I	J	D	L	R	J	U	Á
O	P	E	R	A	O	M	R	F	M	V	O	O	J	V
X	S	E	A	B	F	R	Y	V	A	U	Z	D	J	K
S	Ý	K	C	I	S	A	L	K	S	I	S	K	I	A
R	Y	T	M	U	S	H	E	B	G	S	Z	B	B	E

ALBUM
BALADA
ZPÍVAT
ZPĚVÁK
KLASICKÝ
NAHRÁVKA
HARMONIE
HARMONICKÝ
NÁSTROJ
LYRICKÝ
MELODIE
MIKROFON
HUDEBNÍ
HUDEBNÍK
OPERA
POETICKÝ
RYTMUS
RYTMICKÝ
TEMPO
HLASOVÝ

54 - L'Entreprise

P	R	O	D	U	K	T	F	V	C	O	I	V	I	T
B	F	D	A	T	I	L	A	V	K	W	N	Ý	N	V
H	S	O	L	D	P	O	K	R	O	K	O	N	V	O
P	R	Ů	M	Y	S	L	I	J	P	P	V	O	E	Ř
C	S	V	T	W	Y	Í	Z	G	N	R	A	S	S	I
H	O	C	E	L	U	N	I	W	R	E	Č	P	T	V
E	D	E	V	G	K	Á	R	Z	A	Z	N	O	I	Ý
R	O	Z	H	O	D	N	U	T	Í	E	Í	D	C	J
P	D	N	D	P	T	T	D	S	N	N	N	N	E	E
T	O	O	U	M	K	S	D	O	L	T	G	I	J	D
S	A	V	K	J	G	Ě	W	N	Á	A	K	K	O	N
Z	M	E	Ě	H	A	M	I	Ž	B	C	D	Á	R	O
C	H	R	L	S	D	A	V	O	O	E	O	N	D	T
Y	G	C	M	X	T	Z	W	M	L	S	G	Í	Z	K
Z	L	T	R	E	N	D	Y	X	G	H	N	P	V	Y

PODNIKÁNÍ
TVOŘIVÝ
ROZHODNUTÍ
ZAMĚSTNÁNÍ
GLOBÁLNÍ
PRŮMYSL
INOVAČNÍ
INVESTICE
MOŽNOST
PREZENTACE
PRODUKT
POKROK
KVALITA
ZDROJE
VÝNOS
POVĚST
RIZIKA
TRENDY
JEDNOTKY

55 - Gouvernement

D	S	T	Á	T	Í	S	C	R	S	V	V	B	D	O
O	I	W	D	K	N	Y	I	F	P	A	U	P	E	B
R	Ú	S	E	O	D	M	V	G	R	K	U	N	M	Č
Á	G	S	K	H	U	B	I	W	A	I	W	Á	O	A
N	Y	O	T	U	O	O	L	J	V	T	L	R	K	N
E	Y	J	C	A	S	L	N	A	E	I	H	O	R	S
N	F	J	I	M	V	E	Í	K	D	L	N	D	A	T
P	R	O	J	E	V	A	G	L	L	O	H	N	C	V
Z	N	X	A	L	M	D	A	I	N	P	B	Í	I	Í
O	R	O	V	N	O	S	T	D	O	U	H	O	E	H
J	T	S	Á	O	Z	V	S	N	S	O	B	R	V	F
W	Y	U	R	K	R	T	H	Ý	T	A	X	I	X	S
W	W	T	P	Á	I	M	K	P	O	M	N	Í	K	L
P	Y	U	V	Z	S	F	V	D	Y	X	E	H	H	X
U	R	U	D	N	E	Z	Á	V	I	S	L	O	S	T

OBČANSTVÍ
CIVILNÍ
ÚSTAVA
DEMOKRACIE
PROJEV
DISKUSE
PRÁVA
ROVNOST
STÁT
NEZÁVISLOST

SOUDNÍ
SPRAVEDLNOST
SVOBODA
ZÁKON
POMNÍK
NÁROD
NÁRODNÍ
KLIDNÝ
POLITIKA
SYMBOL

56 - Randonnée

K	P	K	W	A	U	O	H	K	T	I	P	Y	E	Y
L	Ř	K	T	Ě	Ž	K	Ý	I	R	U	Y	K	C	F
I	Í	S	A	Č	O	P	K	Z	Y	C	W	R	A	W
M	P	V	E	T	Z	B	O	Z	V	Í	Ř	A	T	A
A	R	O	C	T	P	O	V	K	W	Z	E	P	N	R
W	A	D	N	F	Ú	T	I	S	S	H	A	D	E	O
A	V	A	U	U	H	Y	D	I	J	A	O	T	I	H
P	A	K	L	L	M	U	X	S	B	N	G	O	R	P
A	R	P	S	S	T	F	P	L	M	H	Y	N	O	Ř
M	F	Ů	V	K	E	M	P	O	V	Á	N	Í	N	Í
I	B	S	V	R	K	J	E	C	D	Ļ	E	B	F	R
K	V	A	M	O	A	E	B	B	A	T	M	V	V	O
F	J	S	V	F	D	V	H	S	X	H	A	N	H	D
S	U	M	M	I	T	C	P	C	N	U	K	I	P	A
B	U	J	E	G	Ý	N	E	V	A	N	U	I	S	A

ZVÍŘATA
BOTY
KEMPOVÁNÍ
MAPA
KLIMA
VODA
ÚTES
UNAVENÝ
PRŮVODCE
TĚŽKÝ
POČASÍ
HORA
PŘÍRODA
ORIENTACE
PARKY
KAMENY
PŘÍPRAVA
DIVOKÝ
SLUNCE
SUMMIT

57 - Art

P	P	I	N	S	P	I	R	O	V	A	N	Ý	V	V
S	Ů	O	G	Y	V	T	N	X	H	S	N	T	Y	Ý
U	U	V	E	K	E	R	A	M	I	C	K	Ý	T	R
M	N	R	O	Z	Z	H	H	M	N	I	S	H	V	A
S	W	T	I	D	I	J	Y	A	Y	O	L	C	O	Z
I	O	C	Y	F	N	E	R	M	T	P	O	U	Ř	D
L	J	C	T	I	Č	Í	L	Y	V	E	Ž	D	I	Y
A	W	Í	H	G	D	O	R	B	H	N	E	O	T	L
E	I	N	D	A	N	C	W	L	F	I	N	N	V	V
R	D	L	D	V	B	K	U	A	B	T	Í	D	O	F
R	N	Á	L	A	D	A	L	M	H	L	M	E	S	T
U	X	U	G	T	Ě	M	D	E	Ř	P	R	J	O	Z
S	R	Z	P	S	S	Y	M	B	O	L	M	D	B	D
V	E	I	C	O	S	U	P	Ř	Í	M	N	Ý	N	Y
V	A	V	F	P	K	O	M	P	L	E	X	L	Í	I

KERAMICKÝ
KOMPLEX
SLOŽENÍ
VYTVOŘIT
VYLÍČIT
VÝRAZ
POSTAVA
UPŘÍMNÝ
NÁLADA
INSPIROVANÝ
PŮVODNÍ
MALBY
OSOBNÍ
POEZIE
SOCHA
JEDNODUCHÝ
PŘEDMĚT
SURREALISMUS
SYMBOL
VIZUÁLNÍ

58 - Nutrition

L	E	Y	N	A	H	O	M	O	S	G	S	T	J	D
G	B	S	H	K	M	S	N	Í	M	A	T	I	V	K
C	C	J	O	A	O	Y	E	G	H	Á	P	K	M	V
R	H	B	L	P	T	N	G	Z	P	N	Č	F	R	J
H	X	U	P	A	N	I	D	D	M	U	M	K	I	C
K	G	W	Ť	L	O	E	I	R	O	L	A	K	A	J
K	P	Y	W	I	S	T	R	A	J	E	D	L	Ý	N
T	O	V	A	N	T	O	A	V	D	Z	Z	K	N	T
M	W	Ř	M	Y	S	R	H	Ý	G	Y	X	V	E	R
H	R	S	E	Z	A	P	C	J	U	T	M	A	Ž	Á
O	Y	Y	X	N	Í	V	A	R	D	Z	Z	Š	Á	V
R	I	E	E	I	Í	M	S	O	I	A	C	E	V	E
K	L	V	E	X	P	Ř	Í	C	H	U	Ť	N	Y	N
Ý	F	Z	I	O	K	V	A	L	I	T	A	Í	V	Í
A	V	A	R	T	S	W	Z	P	W	O	R	C	B	H

HORKÝ
CHUŤ
KALORIE
JEDLÝ
STRAVA
TRÁVENÍ
KOŘENÍ
VYVÁŽENÝ
KVAŠENÍ
SACHARID
KAPALINY
HMOTNOST
PROTEINY
KVALITA
ZDRAVÝ
ZDRAVÍ
OMÁČKA
PŘÍCHUŤ
TOXIN
VITAMÍN

59 - Créativité

M	I	K	K	Y	O	C	Y	P	F	U	N	I	P	D
N	Á	P	A	D	Y	S	D	F	M	F	L	N	Ř	R
V	N	E	Y	T	S	O	T	U	K	E	T	S	E	A
D	Y	Z	X	S	I	K	S	P	J	Í	O	P	D	M
Y	Y	N	W	C	T	Z	L	E	O	N	N	I	S	A
G	B	E	A	X	F	K	N	M	O	N	V	R	T	T
Ý	K	C	E	L	Ě	M	U	E	G	Á	I	A	A	I
J	P	V	C	P	É	I	I	J	T	T	Z	C	V	C
A	R	Ý	I	O	T	Z	V	O	A	N	E	E	I	K
S	A	R	U	C	D	V	A	D	P	O	I	C	V	Ý
N	V	A	T	I	S	I	E	V	Y	P	C	G	O	M
O	O	Z	N	T	U	X	P	M	Ý	S	E	N	S	F
S	S	B	I	O	B	R	A	Z	O	R	K	Y	T	I
T	T	S	O	N	D	E	V	O	D	C	C	B	O	U
U	F	V	I	T	A	L	I	T	A	T	E	V	O	V

UMĚLECKÝ
PRAVOST
JASNOST
DOVEDNOST
DRAMATICKÝ
VÝRAZ
EMOCE
TEKUTOST
NÁPADY
OBRAZ

PŘEDSTAVIVOST
DOJEM
INSPIRACE
INTENZITA
INTUICE
VYNALÉZAVÝ
POCIT
SPONTÁNNÍ
VIZE
VITALITA

60 - Science Fiction

F	Y	E	V	Ý	Y	G	K	G	A	L	A	X	I	E
U	T	L	Ý	K	Y	Y	H	I	N	K	Y	S	D	J
T	K	F	B	C	A	T	Ř	Á	N	É	C	S	M	I
U	X	C	U	I	S	O	V	J	M	O	C	R	D	S
R	S	X	C	T	E	B	S	Í	T	Ý	Ý	C	E	N
I	E	V	H	S	C	O	D	N	E	N	K	P	E	H
S	S	T	Ě	A	K	R	G	R	C	M	C	T	N	K
T	Í	S	O	T	C	G	R	Á	H	E	I	Y	J	O
I	N	I	P	N	J	O	Z	N	N	J	T	I	I	H
C	M	B	C	A	O	T	F	I	O	A	S	Š	C	E
K	É	S	J	F	N	M	W	G	L	T	I	X	Ě	Ň
Ý	R	P	L	A	N	E	T	A	O	M	L	T	N	V
A	T	O	M	O	V	Ý	I	M	G	X	A	V	I	N
M	X	U	T	O	P	I	E	I	I	I	E	N	N	K
W	E	Z	U	L	I	N	E	X	E	D	R	R	Y	K

ATOMOVÝ
KINO
VÝBUCH
EXTRÉMNÍ
FANTASTICKÝ
OHEŇ
FUTURISTICKÝ
GALAXIE
ILUZE
IMAGINÁRNÍ
KNIHY
SVĚT
TAJEMNÝ
VĚŠTEC
PLANETA
REALISTICKÝ
ROBOTY
SCÉNÁŘ
TECHNOLOGIE
UTOPIE

61 - Professions #1

A	T	S	I	N	A	I	P	S	Z	G	K	B	F	H
A	D	V	B	R	U	K	Í	N	B	E	D	U	H	A
B	G	V	Y	T	Z	B	S	Y	C	O	C	L	Z	S
B	E	M	O	N	O	R	T	S	A	L	E	É	H	I
N	A	K	S	K	W	M	P	B	D	O	U	K	U	Č
E	J	N	W	F	Á	T	U	N	I	G	M	A	H	O
J	C	N	K	R	K	T	R	P	I	H	G	Ř	E	L
N	E	G	C	É	I	N	S	T	A	L	A	T	É	R
E	L	O	T	I	Ř	V	Ě	D	E	C	F	K	J	O
S	G	O	L	O	H	C	Y	S	P	G	G	H	C	T
E	S	U	V	K	A	R	T	O	G	R	A	F	V	I
S	C	W	C	E	N	A	L	S	Y	V	L	E	V	D
T	C	P	C	L	C	T	A	N	E	Č	N	Í	K	E
R	K	L	E	N	O	T	N	Í	K	T	Y	E	F	O
A	T	R	E	N	É	R	Y	T	F	A	O	Y	H	E

VELVYSLANEC
ASTRONOM
ADVOKÁT
BANKÉŘ
KLENOTNÍK
KARTOGRAF
LOVEC
TANEČNÍK
TRENÉR
EDITOR
GEOLOG
SESTRA
LÉKAŘ
HUDEBNÍK
PIANISTA
INSTALATÉR
HASIČ
PSYCHOLOG
VĚDEC

62 - Géologie

V	K	V	S	E	S	T	M	P	L	O	Š	I	N	A
R	Á	D	O	R	K	T	C	Z	Ů	B	L	Z	V	C
S	M	N	P	O	Ř	J	A	L	S	V	M	Á	B	Y
T	E	E	K	Z	E	R	R	L	R	A	Y	V	V	L
V	N	C	A	E	M	P	O	J	A	V	T	P	D	A
A	R	Í	Z	J	E	G	Z	E	K	K	U	N	U	T
K	O	R	Á	L	N	C	T	S	O	K	T	R	R	S
I	A	X	S	F	B	I	A	K	N	Y	M	I	A	Y
H	F	S	R	N	N	M	V	Y	T	S	B	W	T	R
M	M	O	H	Z	W	Y	E	N	I	E	V	X	Y	K
R	R	G	S	F	J	U	N	Ě	N	L	Á	Z	J	R
T	K	M	Z	I	D	L	Ý	U	E	I	P	Ó	F	P
I	G	G	D	D	L	F	L	V	N	N	N	N	N	L
P	D	Z	I	R	W	I	F	L	T	A	Í	A	E	M
N	V	F	Y	L	Á	R	E	N	I	M	K	B	A	M

KYSELINA
VÁPNÍK
JESKYNĚ
KONTINENT
KORÁL
VRSTVA
KRYSTALY
EROZE
ROZTAVENÝ
FOSILIE
GEJZÍR
LÁVA
MINERÁLY
KÁMEN
PLOŠINA
KŘEMEN
SŮL
STALAKTIT
SOPKA
ZÓNA

63 - Jardin

T	R	F	L	L	T	T	O	T	Ř	E	K	I	U	Z
R	Y	H	P	N	P	E	I	E	C	I	V	A	L	A
Á	B	F	R	Ž	G	P	R	Z	B	W	Ě	H	E	H
V	N	I	F	Á	Z	W	D	A	S	C	T	V	V	R
N	Í	X	T	R	B	N	J	N	S	U	I	V	E	A
Í	K	H	T	A	M	Ě	F	Í	W	A	N	M	L	D
K	C	H	D	G	U	F	S	L	X	F	A	M	P	A
L	Y	S	Z	V	E	W	G	O	N	T	G	V	C	D
W	O	F	R	W	U	X	L	P	E	R	H	M	K	Ů
B	N	P	X	P	S	K	O	M	F	Á	T	O	L	P
N	Í	A	A	E	C	I	D	A	H	V	M	R	A	B
F	V	O	H	T	Z	H	Y	R	V	A	J	T	Z	R
Z	S	M	B	E	A	U	A	T	X	X	D	S	M	E
H	O	U	P	A	C	Í	S	Í	T	W	C	N	D	I
H	X	A	J	X	L	O	A	T	O	K	P	F	A	J

STROM
LAVICE
KEŘ
PLOT
RYBNÍK
KVĚTINA
GARÁŽ
HOUPACÍ SÍT
TRÁVA
ZAHRADA
PLEVEL
LOPATA
TRÁVNÍK
HRÁBĚ
PŮDA
TERASA
TRAMPOLÍNA
HADICE
SAD
VÍNO

64 - Santé et Bien Être #1

A	X	E	F	L	J	P	T	E	I	F	A	R	K	V
L	É	K	Á	R	N	A	A	F	E	U	S	B	Z	G
J	I	K	L	K	É	L	I	T	Z	N	Y	W	G	H
Z	Z	V	Y	K	Ů	L	T	V	O	M	W	X	G	R
C	L	T	E	W	T	Ž	K	L	I	N	I	K	A	I
B	U	O	Z	S	F	O	E	I	R	E	T	K	A	B
K	R	U	M	S	P	V	R	E	F	L	E	X	B	A
C	D	O	A	E	C	N	Z	F	I	Z	F	C	Č	L
S	V	A	L	Y	N	Z	J	S	T	P	M	S	É	A
L	É	K	A	Ř	J	I	C	A	S	X	A	U	L	K
H	O	R	M	O	N	Y	N	D	O	Y	K	R	G	C
Z	R	A	N	Ě	N	Í	W	A	K	P	Š	I	E	R
Z	R	G	E	C	A	X	A	L	E	R	Ý	V	X	T
J	F	O	H	E	T	Z	Y	H	N	M	V	X	F	I
W	V	C	Y	I	D	B	A	K	T	I	V	N	Í	U

AKTIVNÍ
BAKTERIE
ZRANĚNÍ
KLINIKA
HLAD
ZLOMENINA
ZVYK
VÝŠKA
HORMONY
LÉKAŘ
LÉK
SVALY
KOSTI
KŮŽE
LÉKÁRNA
RELAXACE
REFLEX
TERAPIE
LÉČBA
VIRUS

65 - Barbecues

E	R	M	H	G	C	X	L	S	P	O	C	K	F	E
X	A	E	W	P	I	N	I	T	M	X	W	Z	M	V
G	J	X	W	B	B	K	H	U	D	B	A	E	U	V
R	Č	P	Y	Ý	U	W	U	S	A	L	Á	T	Y	R
I	A	E	R	K	L	A	Y	Ř	F	A	V	B	B	O
L	T	P	Y	R	E	N	Y	R	E	Ř	E	Č	E	V
O	A	Ř	R	O	D	I	N	A	K	Č	Á	M	O	G
T	V	H	H	H	Ě	N	T	Y	I	G	J	Z	U	U
É	J	O	P	M	B	E	X	Ě	B	D	C	S	H	I
L	U	F	C	O	O	L	M	C	D	N	U	R	N	O
Ů	W	S	H	E	B	E	R	M	R	O	C	O	G	U
S	N	T	N	U	I	Z	I	I	B	Ž	P	P	H	V
X	V	J	C	C	N	K	N	R	R	E	O	J	O	V
Z	J	H	E	H	L	A	D	V	V	B	F	D	H	L
C	T	N	B	U	T	K	P	P	Z	R	B	D	G	I

HORKÝ
NOŽE
OBĚD
VEČEŘE
DĚTI
LÉTO
HLAD
RODINA
OVOCE
GRIL
HRY
ZELENINA
HUDBA
CIBULE
PEPŘ
KUŘE
SALÁTY
OMÁČKA
SŮL
RAJČATA

66 - Forêt Tropicale

O	M	G	N	G	M	Í	T	I	Ž	E	Ř	P	U	N
B	B	C	Z	A	C	H	O	V	Á	N	Í	Ř	G	B
K	Í	O	B	O	T	A	N	I	C	K	Ý	Í	R	Z
W	V	Y	J	W	V	B	P	Ý	Y	K	A	R	M	I
M	T	B	X	Ž	D	Ž	U	N	G	L	E	O	W	N
F	S	E	P	U	I	P	G	N	S	U	C	D	Ú	V
V	N	C	E	L	C	V	P	E	E	A	C	A	C	P
A	E	O	F	J	Á	S	E	C	P	I	V	W	T	Ů
O	Č	C	B	X	T	U	H	L	C	T	A	C	A	V
M	E	C	H	N	P	E	M	S	N	G	G	G	I	O
I	L	P	U	U	O	C	Y	D	P	Í	F	L	J	D
K	O	D	R	H	O	V	Z	T	B	E	C	D	T	N
C	P	T	D	U	M	X	E	E	N	T	M	I	R	Í
V	S	X	T	S	O	T	I	N	A	M	Z	O	R	T
Ú	T	O	Č	I	Š	T	Ě	O	Í	K	L	I	M	A

OBOJŽIVELNÍCI
BOTANICKÝ
KLIMA
SPOLEČENSTVÍ
ROZMANITOST
DRUH
PŮVODNÍ
HMYZ
DŽUNGLE
SAVCI
MECH
PŘÍRODA
MRAKY
PTÁCI
CENNÝ
ZACHOVÁNÍ
ÚTOČIŠTĚ
ÚCTA
OBNOVENÍ
PŘEŽITÍ

67 - Ferme #1

B	K	Y	G	P	X	X	C	G	F	L	M	T	F	F
R	C	S	X	X	C	H	E	W	M	S	V	J	Z	O
Ý	P	Z	C	T	A	D	O	V	G	D	R	X	E	K
Ž	I	V	D	Ň	Ů	K	N	X	M	U	Á	E	M	N
E	P	O	L	E	B	V	Č	E	L	A	N	K	Ě	W
Ř	K	V	F	L	I	J	J	O	Y	J	A	A	D	H
U	F	R	G	E	Z	N	K	P	K	N	L	B	Ě	N
K	H	G	Á	T	O	P	U	S	T	Á	D	O	L	O
P	L	O	T	V	N	O	L	E	S	O	B	L	S	J
V	G	D	N	D	A	Y	N	P	A	P	G	W	T	I
B	E	S	B	S	Z	S	M	E	D	G	W	P	V	V
G	G	T	H	T	O	G	O	F	S	P	B	F	Í	O
X	Y	R	S	W	K	A	K	R	J	E	A	Y	W	R
R	T	X	G	V	V	W	O	L	U	H	T	V	H	L
R	Z	Z	Z	W	A	K	U	A	B	R	R	S	I	K

VČELA
ZEMĚDĚLSTVÍ
OSEL
BIZON
POLE
KOČKA
KŮŇ
KOZA
PES
PLOT
VRÁNA
VODA
HNOJIVO
SENO
MED
KUŘE
RÝŽE
STÁDO
KRÁVA
TELE

68 - Café

T	T	H	X	L	G	V	B	Č	B	F	R	Y	B	U
A	D	O	V	C	C	G	M	H	E	E	I	W	I	E
M	K	R	C	M	M	L	É	K	O	R	A	L	K	P
P	O	K	G	A	D	Ů	R	D	O	C	N	H	T	X
O	F	Ý	C	J	W	T	K	X	B	P	E	Á	A	R
H	E	L	Ť	U	H	C	Í	Ř	P	Í	C	K	P	F
Á	I	E	J	Y	K	A	A	P	L	T	V	A	Ů	T
R	N	S	D	J	W	R	J	H	X	B	G	P	V	N
Z	A	Y	B	R	O	U	S	I	T	O	C	A	O	Á
J	G	K	V	W	B	X	H	B	B	C	J	L	D	P
F	C	X	J	B	X	I	F	U	N	V	O	I	S	O
V	Ů	N	Ě	F	D	A	W	V	T	N	F	N	M	J
S	T	W	N	K	N	N	J	Y	S	E	W	A	K	P
Z	I	W	X	Y	I	Y	V	H	C	D	T	F	F	H
R	Á	N	O	S	C	I	F	H	K	G	J	M	F	U

KYSELÝ
HORKÝ
VŮNĚ
PÍT
NÁPOJ
KOFEIN
KRÉM
VODA
FILTR
MLÉKO
KAPALINA
RÁNO
BROUSIT
ČERNÁ
PŮVOD
CENA
PŘÍCHUŤ
CUKR
POHÁR
ODRŮDA

69 - Antarctique

Ý	H	W	Z	Y	P	N	U	P	P	Z	Z	K	V	F
T	L	N	G	G	H	X	P	O	Y	E	A	C	I	F
A	E	C	V	O	D	E	L	L	C	M	C	K	T	H
N	K	P	T	H	E	K	X	O	P	Ě	H	G	O	X
L	K	O	L	I	L	M	G	O	T	P	O	K	P	S
A	Í	X	N	O	U	J	E	S	Á	I	V	A	O	T
K	N	D	R	T	T	P	C	T	C	S	Á	E	G	M
S	M	Y	J	I	I	A	I	R	I	S	N	F	R	R
R	U	I	M	R	B	N	D	O	C	D	Í	S	A	A
H	K	X	G	V	Z	D	E	V	I	L	Á	Z	F	K
N	Z	V	E	R	D	E	P	N	V	O	D	A	I	Y
L	Ý	U	N	D	A	I	X	S	T	C	S	R	E	S
M	V	G	K	Ý	K	C	E	D	Ě	V	P	C	Y	A
R	Z	D	Y	L	Á	R	E	N	I	M	H	O	P	A
V	E	L	R	Y	B	Y	V	O	R	T	S	O	M	J

ZÁLIV
VELRYBY
VÝZKUMNÍK
ZACHOVÁNÍ
KONTINENT
VODA
EXPEDICE
ZEMĚPIS
LED
LEDOVCE
OSTROVY
MIGRACE
MINERÁLY
MRAKY
PTÁCI
POLOOSTROV
SKALNATÝ
VĚDECKÝ
TEPLOTA
TOPOGRAFIE

70 - Professions #2

J	Z	M	H	E	Ř	Í	L	A	M	U	E	J	Z	H
I	G	E	D	Z	W	U	É	Z	X	I	O	L	O	T
Z	C	L	L	G	P	C	K	J	Z	C	O	E	O	V
W	W	P	I	L	O	T	A	J	V	W	I	E	L	Y
T	A	C	N	U	L	L	Ř	A	B	U	Z	J	O	N
F	E	T	W	K	U	F	O	Z	O	L	I	F	G	Á
I	N	Ž	E	N	Ý	R	D	I	Y	Y	Z	W	K	L
C	H	I	R	U	R	G	D	E	B	I	D	L	Í	E
U	N	O	V	I	N	Á	Ř	H	T	W	X	Y	N	Z
C	Č	W	U	D	I	Y	Z	U	X	E	E	L	V	C
Y	O	I	D	W	Z	N	O	D	D	S	K	Y	O	E
B	N	M	T	F	O	T	O	G	R	A	F	T	H	G
S	J	R	Z	E	R	A	T	S	I	V	G	N	I	L
A	B	U	M	L	L	A	V	K	C	M	P	J	N	V
A	S	T	R	O	N	A	U	T	N	K	I	H	K	A

ASTRONAUT
KNIHOVNÍK
BIOLOG
CHIRURG
ZUBAŘ
DETEKTIV
UČITEL
INŽENÝR
VYNÁLEZCE
NOVINÁŘ
LINGVISTA
LÉKAŘ
MALÍŘ
FILOZOF
FOTOGRAF
PILOT
ZOOLOG

71 - Les Abeilles

K	S	J	K	L	R	M	J	S	M	R	R	Y	J	O
Ř	W	B	Z	Y	M	H	S	L	Z	O	G	U	E	V
Í	Y	T	T	P	Z	T	P	U	L	S	K	B	Č	O
D	A	Ě	M	Ř	Ř	J	G	N	Y	T	X	T	A	C
L	Ú	V	R	U	L	Í	M	C	V	L	L	M	V	E
A	H	K	S	O	V	Y	Z	E	F	I	A	R	O	P
Y	O	K	B	K	J	I	X	N	I	N	E	M	L	N
E	K	O	S	Y	S	T	É	M	I	Y	E	W	Y	V
P	A	J	M	N	Y	S	Y	W	F	V	F	T	P	V
L	O	L	C	I	W	E	H	Z	W	F	Ý	Z	O	C
M	T	S	O	T	I	N	A	M	Z	O	R	N	L	T
G	E	Z	N	Ě	H	Z	P	Z	A	H	R	A	D	A
P	W	D	V	V	K	R	Á	L	O	V	N	A	Í	M
G	O	P	Y	K	J	O	Z	R	X	R	B	Y	J	B
H	M	V	C	M	E	R	P	M	G	S	Y	F	Y	E

KŘÍDLA
PŘÍZNIVÝ
VOSK
ROZMANITOST
ROJ
EKOSYSTÉM
KVĚT
KVĚTINY
OVOCE
KOUŘ
HMYZ
ZAHRADA
MED
JÍDLO
ROSTLINY
PYL
OPYLOVAČ
KRÁLOVNA
ÚL
SLUNCE

72 - Santé et Bien Être #2

R	C	P	Z	A	N	E	I	G	Y	H	K	T	L	S
P	E	C	I	N	C	O	M	E	N	N	Z	R	X	Z
A	X	Y	A	A	K	I	T	E	N	E	G	V	E	Ý
Z	W	A	G	T	S	T	R	E	S	I	M	Ý	F	V
T	Ě	L	O	O	S	T	J	Z	D	G	A	Ž	N	A
Z	H	N	L	M	N	O	S	A	W	R	S	I	I	R
O	D	Z	J	I	R	K	N	W	S	E	Á	V	I	D
T	M	C	H	E	L	U	Y	T	N	L	Ž	A	N	Z
A	P	Z	P	I	S	P	G	D	O	A	P	Z	F	Y
V	W	D	G	R	T	U	A	M	X	M	Z	G	E	E
E	G	V	P	O	X	A	N	H	Y	I	H	E	K	X
N	U	P	K	L	U	C	O	M	E	N	K	W	C	D
Í	I	R	R	A	A	M	H	S	O	I	N	S	E	L
R	Y	T	D	K	V	S	C	U	A	C	M	S	K	D
C	N	E	N	E	R	G	I	E	Ť	A	X	C	A	W

ALERGIE
ANATOMIE
CHUŤ
KALORIE
TĚLO
ENERGIE
GENETIKA
NEMOCNICE
HYGIENA
INFEKCE
NEMOC
MASÁŽ
VÝŽIVA
HMOTNOST
ZOTAVENÍ
ZDRAVÝ
KREV
STRES

73 - Conduite

S	H	P	A	Z	C	P	S	C	R	D	X	U	X	B
N	P	A	D	O	H	E	N	N	Y	O	B	O	O	S
Z	L	L	S	V	D	M	L	T	C	P	E	A	Z	S
L	Y	I	K	O	Í	P	J	O	H	R	Z	O	S	P
J	N	V	U	R	Š	D	P	T	L	A	P	A	M	O
H	M	O	I	P	Ě	N	U	C	O	V	E	M	N	L
N	E	B	E	Z	P	E	Č	Í	S	A	Č	Y	E	I
M	N	Á	K	L	A	Ď	Á	K	T	W	N	G	P	C
B	O	M	P	A	L	K	L	N	H	P	O	K	U	I
N	R	T	M	T	R	B	G	I	I	Y	S	Y	Y	E
K	O	Z	O	N	A	V	A	Y	C	G	T	Z	Y	D
O	T	F	D	C	P	T	R	S	C	E	A	U	T	O
T	O	A	R	Y	Y	O	Á	E	C	I	N	L	I	S
Z	M	N	B	U	Y	K	Ž	S	U	I	H	C	T	B
T	U	N	E	L	E	W	L	B	R	J	F	E	E	I

NEHODA
NÁKLAĎÁK
PALIVO
MAPA
NEBEZPEČÍ
BRZDY
GARÁŽ
PLYN
LICENCE
MOTOR
MOTOCYKL
PĚŠÍ
POLICIE
SILNICE
BEZPEČNOST
PROVOZ
DOPRAVA
TUNEL
RYCHLOST
AUTO

74 - Plantes

I	L	E	C	A	E	V	F	S	F	C	C	U	O	C
I	X	B	J	E	R	J	A	T	M	O	Y	G	B	S
N	U	G	U	A	K	D	Z	O	U	T	D	M	B	B
P	F	D	O	N	B	R	O	N	V	N	S	E	O	L
T	M	G	D	I	A	Ů	L	E	U	Y	K	C	T	O
B	L	I	S	T	M	S	E	K	A	F	A	H	A	K
H	Ř	E	K	Ě	B	T	C	J	X	O	K	X	N	H
Y	G	E	N	V	U	K	A	U	L	K	T	C	I	N
S	N	O	Č	K	S	O	T	F	L	K	U	A	K	O
H	F	G	K	Ť	U	O	E	B	B	A	S	D	A	J
T	R	Á	V	A	A	M	G	F	L	Ó	R	A	S	I
S	T	R	O	M	K	N	E	Ř	O	K	G	R	D	V
S	X	H	W	X	L	I	V	L	U	O	Z	H	A	O
A	Z	R	O	S	E	L	U	B	O	B	M	A	R	C
G	R	D	X	F	S	C	Y	W	E	N	U	Z	O	S

STROM
BOBULE
BAMBUS
BOTANIKA
KEŘ
KAKTUS
HNOJIVO
LIST
KVĚTINA
FLÓRA
LES
RŮST
FAZOLE
TRÁVA
ZAHRADA
BŘEČŤAN
MECH
KOŘEN
STONEK
VEGETACE

75 - Ferme #2

Z	B	O	P	H	I	E	Z	H	M	L	É	K	O	T
J	E	S	H	A	L	O	D	O	T	S	Z	J	R	R
E	C	L	H	H	S	B	A	K	P	O	Y	A	P	A
H	I	E	E	U	Ú	T	S	Z	A	N	H	C	A	K
N	N	C	C	N	L	S	Ý	J	Í	D	L	O	Z	T
Ě	E	G	O	D	I	U	D	Ř	E	C	K	N	A	O
Č	Š	V	V	H	O	N	J	E	Č	M	E	N	V	R
Í	P	O	O	P	S	B	A	Y	C	S	C	H	L	K
Z	E	M	Ě	D	Ě	L	E	C	K	V	P	U	A	U
L	V	I	B	N	M	L	M	A	K	U	O	L	Ž	K
R	Y	X	Y	U	G	A	X	Z	F	S	M	O	O	U
P	L	X	D	X	A	M	T	R	Z	D	M	A	V	Ř
S	I	K	M	Y	Y	A	B	V	J	T	U	T	Á	I
Z	V	Í	Ř	A	T	A	N	D	C	Y	H	F	N	C
Y	T	N	D	A	M	C	S	V	Y	M	J	Y	Í	E

JEHNĚČÍ
ZEMĚDĚLEC
ZVÍŘATA
PASTÝŘ
PŠENICE
KACHNA
OVOCE
STODOLA
ZAVLAŽOVÁNÍ
MLÉKO
LAMA
ZELENINA
KUKUŘICE
OVCE
JÍDLO
JEČMEN
LOUKA
ÚL
TRAKTOR
SAD

76 - Vacances #2

M	L	U	O	M	N	P	B	G	K	M	G	H	W	R
E	H	A	V	N	L	K	L	A	G	X	M	B	E	B
C	M	O	Ř	E	V	M	N	M	H	X	K	G	O	C
A	U	M	M	N	L	W	N	H	U	D	F	K	E	E
V	Z	O	M	C	T	S	Ž	D	S	F	R	A	V	S
R	Í	D	T	W	Z	S	J	Á	G	Y	W	K	O	T
E	V	O	I	X	A	T	U	H	L	X	I	I	L	O
Z	Y	C	H	E	I	A	V	A	R	P	O	D	N	V
E	L	Z	I	R	Á	N	E	L	O	V	O	D	Ý	N
R	E	S	T	A	U	R	A	C	E	M	G	W	Č	Í
C	I	Z	I	N	E	C	G	V	E	T	A	V	A	P
V	L	A	K	C	E	S	T	A	B	W	O	P	S	A
X	M	C	D	E	S	T	I	N	A	C	E	H	A	S
O	S	T	R	O	V	L	E	T	I	Š	T	Ě	M	L
P	Y	J	V	K	E	M	P	O	V	Á	N	Í	U	G

LETIŠTĚ
KEMPOVÁNÍ
MAPA
DESTINACE
CIZINEC
HOTEL
OSTROV
VOLNÝ ČAS
MOŘE
CESTOVNÍ PAS
PLÁŽ
RESTAURACE
REZERVACE
TAXI
STAN
VLAK
DOPRAVA
DOVOLENÁ
VÍZUM
CESTA

77 - Éthique

G	G	J	A	E	C	N	A	R	E	L	O	T	A	S
P	O	C	T	I	V	O	S	T	O	F	P	R	Y	O
R	V	R	I	T	C	L	U	S	B	Z	I	T	Í	U
E	T	O	R	R	U	S	M	O	V	Z	U	X	N	C
A	S	Z	G	P	Y	T	S	N	P	V	L	M	T	I
L	D	U	E	Ě	J	G	I	J	S	I	A	S	N	T
I	I	M	T	L	B	G	M	O	A	V	S	P	E	É
S	L	N	N	I	Ý	V	I	T	C	U	K	O	L	M
M	K	O	I	V	P	G	T	S	P	W	A	L	O	O
U	P	S	R	O	U	P	P	Ů	X	F	V	U	V	U
S	L	T	K	S	K	H	O	D	H	N	O	P	E	D
N	C	W	Y	T	O	N	D	O	H	W	S	R	N	R
A	L	T	R	U	I	S	M	U	S	G	T	Á	E	O
D	I	P	L	O	M	A	T	I	C	K	Ý	C	B	S
S	E	F	I	L	O	Z	O	F	I	E	S	E	Z	T

ALTRUISMUS
BENEVOLENTNÍ
SOUCIT
SPOLUPRÁCE
DŮSTOJNOST
DIPLOMATICKÝ
LASKAVOST
POCTIVOST
LIDSTVO
INTEGRITA
OPTIMISMUS
TRPĚLIVOST
FILOZOFIE
ROZUMNÉ
ROZUMNOST
UCTIVÝ
REALISMUS
MOUDROST
TOLERANCE
HODNOTY

78 - Temps

X	I	T	R	B	J	O	H	R	Y	W	G	D	M	H
S	H	P	Z	O	U	F	I	E	R	A	R	E	Č	V
U	X	D	H	M	K	D	M	Z	H	J	T	S	U	L
P	T	D	M	L	I	D	T	S	D	T	Y	E	E	W
S	Ř	Ý	E	X	B	T	L	D	H	S	J	T	M	T
T	Á	E	D	L	N	Y	N	I	D	O	H	I	I	T
O	D	N	D	E	V	Z	O	D	E	N	G	L	N	E
L	N	D	V	T	N	R	C	M	X	C	I	E	U	Ď
E	E	E	G	R	O	B	A	Ě	V	U	F	T	T	X
T	L	L	X	Á	K	E	B	S	I	O	A	Í	A	U
Í	A	O	Z	N	V	Z	D	Í	R	D	P	R	N	I
V	K	P	E	O	F	V	M	C	H	U	A	O	I	O
K	B	X	H	I	O	G	M	E	J	B	O	Č	D	W
H	K	M	I	L	U	P	P	O	J	V	L	N	O	T
U	U	J	X	H	R	J	F	E	X	Y	W	Í	H	B

ROK
ROČNÍ
PO
PŘED
BRZY
KALENDÁŘ
DESETILETÍ
BUDOUCNOST
HODINA
VČERA
HODINY
DEN
TEĎ
RÁNO
POLEDNE
MINUTA
MĚSÍC
NOC
TÝDEN
STOLETÍ

79 - Maison

P	L	W	S	Z	Y	E	N	I	S	E	Č	Í	L	K
O	O	P	U	B	N	G	É	U	U	C	H	E	U	N
D	Y	B	D	E	G	A	R	Á	Ž	E	L	G	H	I
K	J	Z	F	Ř	H	N	E	S	P	R	C	H	A	H
R	O	C	Á	E	G	Ě	T	K	R	V	Y	G	H	O
O	E	E	R	V	T	T	U	B	U	O	V	S	W	V
V	V	R	M	D	Ě	S	S	V	S	C	W	T	C	N
Í	V	E	S	M	F	S	E	M	V	Z	H	C	P	A
C	K	B	R	K	Z	X	Y	F	E	E	P	Y	F	I
P	E	O	N	K	O	O	L	D	A	C	R	Z	N	I
I	M	K	Š	S	P	E	A	D	A	R	H	A	Z	Ě
O	Y	L	O	T	X	C	M	S	T	R	O	P	J	Z
X	X	Z	B	O	Ě	N	P	K	D	C	P	U	L	L
K	X	K	F	L	Y	G	A	H	C	E	Ř	T	S	J
P	A	P	A	P	S	X	A	G	T	K	W	B	I	I

KOŠTĚ
KNIHOVNA
KRB
KLÍČE
PLOT
KUCHYNĚ
SPRCHA
OKNO
GARÁŽ
PODKROVÍ
ZAHRADA
LAMPA
ZRCADLO
STĚNA
STROP
DVEŘE
ZÁVĚSY
SUTERÉN
KOBEREC
STŘECHA

80 - Légumes

P	E	T	R	Ž	E	L	O	M	R	K	E	V	A	C
B	Č	Á	O	E	L	Z	K	K	E	L	I	L	R	I
R	J	L	V	F	L	N	Í	Ř	U	T	V	V	T	B
O	A	A	Z	F	T	E	C	Š	D	R	R	G	Y	U
K	R	S	Á	B	E	U	C	A	O	Y	K	C	Č	L
O	A	R	Z	J	S	Z	H	L	C	N	E	A	O	E
L	H	U	M	T	V	V	N	O	A	X	N	V	K	T
I	S	U	M	W	W	F	E	T	D	T	S	I	E	K
C	T	M	M	J	H	J	X	K	O	Á	E	L	Š	S
E	J	F	U	K	A	N	O	A	D	N	Č	O	Á	U
C	I	G	S	Y	A	G	Z	I	P	E	C	O	R	C
D	Ý	N	Ě	A	C	T	R	Y	N	P	Ř	P	H	C
H	O	U	B	A	W	X	O	D	D	Š	C	T	I	K
S	R	X	E	S	U	F	Y	C	E	R	I	L	C	N
A	F	J	N	Z	B	R	W	A	E	C	V	C	D	J

ČESNEK
ARTYČOK
LILEK
BROKOLICE
MRKEV
CELER
HOUBA
DÝNĚ
OKURKA
ŠALOTKA
ŠPENÁT
ZÁZVOR
TUŘÍN
CIBULE
OLIVA
PETRŽEL
HRÁŠEK
ŘEDKEV
SALÁT
RAJČE

81 - Famille

Ý	K	S	Ř	E	T	A	M	S	G	Z	H	C	R	D
V	D	H	Y	D	U	A	Y	E	B	R	A	T	R	O
K	H	Ě	B	N	K	N	P	W	N	K	F	N	L	C
T	M	S	T	S	O	B	R	A	T	R	A	N	E	C
D	A	W	V	I	B	V	T	O	I	A	D	S	Ž	C
C	T	I	Z	F	C	I	E	R	I	H	Í	T	N	L
E	K	E	Č	E	D	Ě	D	C	E	Í	T	R	A	S
R	A	K	Č	I	B	A	B	K	E	V	Ě	Ý	M	E
A	P	Ř	E	D	E	K	I	F	S	T	A	C	A	S
O	T	C	O	V	S	K	Ý	P	S	S	O	S	H	T
M	A	N	Ž	E	L	K	A	N	E	T	E	Ř	U	R
I	T	F	B	D	V	D	Y	N	S	Ě	F	E	K	A
I	E	L	O	S	D	G	W	F	M	D	F	P	A	P
C	T	C	V	B	J	G	H	O	U	W	J	M	J	X
Z	C	M	A	P	G	T	U	W	H	C	Y	B	L	D

PŘEDEK
BRATRANEC
DĚTSTVÍ
DÍTĚ
DĚTI
MANŽELKA
DCERA
BRATR
BABIČKA
DĚDEČEK
MANŽEL
MATEŘSKÝ
MATKA
SYNOVEC
NETEŘ
STRÝC
OTCOVSKÝ
OTEC
SESTRA
TETA

82 - Oiseaux

Z	Z	O	G	F	A	W	X	E	Y	T	K	T	R	X
V	B	P	U	E	H	O	L	U	B	U	U	U	U	X
F	F	Á	A	N	H	C	A	K	G	Č	Ř	K	M	M
M	P	Č	K	P	S	T	H	V	Z	Ň	E	A	O	Y
H	W	L	Č	S	O	Ť	F	X	G	Á	C	N	C	U
V	O	K	A	P	R	U	A	R	N	K	U	R	F	B
R	H	L	K	G	T	B	Š	L	N	H	S	P	Á	V
Á	U	G	U	S	Š	A	C	E	B	A	R	V	R	S
N	S	K	K	B	P	L	Y	R	K	V	E	J	C	E
A	A	J	N	J	I	E	F	O	W	E	S	R	D	Z
G	O	E	R	T	J	C	C	M	J	F	C	L	Z	U
C	G	X	X	L	H	A	E	S	S	J	X	A	D	R
P	E	L	I	K	Á	N	M	K	T	S	F	O	R	Z
V	U	L	I	E	O	K	F	I	B	V	T	T	Y	P
V	O	L	A	V	K	A	N	X	K	X	U	Z	M	N

OREL
PŠTROS
KACHNA
ČÁP
HOLUBICE
VRÁNA
KUKAČKA
LABUŤ
VOLAVKA
TUČŇÁK

VRABEC
RACEK
VEJCE
HUSA
PÁV
PAPOUŠEK
PELIKÁN
HOLUB
KUŘE
TUKAN

83 - Disciplines Scientifiques

F	Y	Z	I	O	L	O	G	I	E	E	C	P	M	J
I	M	U	N	O	L	O	G	I	E	K	U	S	I	A
F	T	I	A	J	W	S	N	S	R	O	R	Y	N	Z
S	O	C	I	O	L	O	G	I	E	L	G	C	E	Y
E	A	F	Z	Z	N	T	K	M	H	O	E	H	R	K
B	I	O	C	H	E	M	I	E	B	G	O	O	A	O
A	S	T	R	O	N	O	M	I	E	I	L	L	L	V
K	Z	S	C	B	A	W	K	T	M	E	O	O	O	Ě
I	O	A	K	I	N	A	H	C	E	M	G	G	G	D
N	O	Y	I	E	A	M	K	R	J	V	I	I	I	A
A	L	U	P	V	T	U	D	D	V	S	E	E	E	K
T	O	N	L	C	O	W	B	I	O	L	O	G	I	E
O	G	A	K	I	M	A	N	Y	D	O	M	R	E	T
B	I	I	M	E	I	G	O	L	O	R	U	E	N	J
M	E	T	M	H	E	B	R	C	H	E	M	I	E	G

ANATOMIE
ASTRONOMIE
BIOCHEMIE
BIOLOGIE
BOTANIKA
CHEMIE
EKOLOGIE
GEOLOGIE
IMUNOLOGIE
JAZYKOVĚDA
MECHANIKA
MINERALOGIE
NEUROLOGIE
FYZIOLOGIE
PSYCHOLOGIE
SOCIOLOGIE
TERMODYNAMIKA
ZOOLOGIE

84 - Maladie

R	N	P	E	Z	T	B	A	I	R	B	C	A	T	Z
T	E	E	T	B	S	I	K	M	X	P	H	C	V	S
D	I	S	U	Ě	Y	M	U	U	C	F	R	V	T	Y
D	G	B	P	R	L	G	T	N	I	E	O	J	P	N
O	R	Ř	V	I	O	O	N	I	L	Ý	N	U	S	D
D	E	I	C	T	R	P	Í	T	E	K	I	G	R	R
H	L	Š	B	S	Z	A	A	A	Y	C	C	M	D	O
Z	A	N	V	O	B	I	Č	T	V	I	K	T	C	M
Í	M	Í	H	K	V	G	T	N	I	T	Ý	U	E	P
N	A	K	A	Ž	L	I	V	Ý	Í	E	C	A	I	F
R	C	L	U	M	N	U	R	X	V	N	N	V	P	U
E	S	L	A	B	Ý	O	P	T	A	E	W	C	A	X
D	P	L	I	C	N	Í	B	S	R	G	F	T	R	D
E	X	I	Y	H	Ý	N	Č	I	D	Ě	D	V	E	O
B	R	W	R	W	T	Ě	N	Á	Z	V	X	T	T	T

BŘIŠNÍ
AKUTNÍ
ALERGIE
CHRONICKÝ
NAKAŽLIVÝ
TĚLO
SRDCE
SLABÝ
GENETICKÝ
DĚDIČNÝ
IMUNITA
ZÁNĚT
BEDERNÍ
NEUROPATIE
KOSTI
PLICNÍ
RESPIRAČNÍ
ZDRAVÍ
SYNDROM
TERAPIE

85 - Univers

D	A	P	I	M	L	Ý	N	R	Í	M	S	E	V	U
M	T	N	O	P	O	G	D	O	N	E	B	E	F	X
Ě	M	E	Z	L	P	Z	E	V	X	Y	C	V	E	B
S	O	B	I	I	O	C	L	N	O	B	Í	H	A	T
Í	S	E	H	C	N	K	H	Í	N	R	Á	L	O	S
C	F	S	A	G	L	O	O	K	G	Ý	J	M	T	S
H	É	K	S	W	J	E	K	U	U	N	T	M	A	L
O	R	Ý	T	F	V	L	E	I	L	L	R	H	W	U
R	A	U	R	N	Á	K	L	O	N	E	H	G	I	N
I	C	V	O	C	F	O	A	V	D	T	K	A	M	O
Z	E	L	N	D	T	X	D	J	W	I	A	L	T	V
O	H	Y	O	O	F	Z	J	B	A	D	D	A	L	R
N	Z	S	M	C	G	G	M	P	O	I	U	X	X	A
T	S	D	I	O	R	E	T	S	A	V	K	I	O	T
X	C	A	E	A	S	T	R	O	N	O	M	E	M	V

ASTEROID
ASTRONOM
ASTRONOMIE
ATMOSFÉRA
NEBESKÝ
NEBE
VESMÍRNÝ
ROVNÍK
GALAXIE
POLOKOULE
HORIZONT
NÁKLON
MĚSÍC
TMA
OBÍHAT
SOLÁRNÍ
SLUNOVRAT
DALEKOHLED
VIDITELNÝ

86 - Géographie

Ř	O	O	X	V	Y	B	V	R	M	I	J	P	T	I
D	E	Ř	O	M	A	R	O	H	E	C	G	O	P	J
M	L	K	Í	N	V	O	R	K	U	D	Z	L	X	H
M	U	A	A	I	T	P	T	Z	R	K	O	O	H	O
M	O	U	V	R	N	L	S	G	L	I	T	K	I	T
M	K	Í	N	D	E	L	O	P	H	Í	S	O	N	A
R	Ě	N	F	H	N	G	U	Z	E	M	Ě	U	R	T
O	M	R	K	O	I	H	I	J	Y	E	M	L	Y	L
B	E	E	A	L	T	O	B	O	M	Z	A	E	W	A
R	Z	V	R	K	N	L	R	X	N	Ú	P	U	H	S
J	W	E	Z	D	O	X	B	B	S	P	A	P	J	T
L	C	S	P	Á	K	T	A	P	U	S	H	I	V	W
L	F	G	V	Z	P	J	Y	G	A	V	W	G	T	B
N	P	N	X	W	V	A	Z	V	L	Ě	L	U	R	I
O	C	E	Á	N	O	K	D	E	H	T	M	B	L	J

ATLAS
MAPA
KONTINENT
ROVNÍK
ŘEKA
ZEMĚKOULE
POLOKOULE
OSTROV
MOŘE
POLEDNÍK
SVĚT
HORA
SEVERNÍ
OCEÁN
ZÁPAD
ZEMĚ
REGION
JIH
ÚZEMÍ
MĚSTO

87 - Bâtiments

O	R	L	V	E	Z	E	G	M	E	I	F	S	A	S
C	U	Y	J	C	S	P	D	Y	Z	A	N	U	X	T
Y	D	A	T	I	Z	R	E	V	I	N	U	P	Y	O
K	A	B	I	N	A	K	N	F	T	V	L	E	O	D
W	R	D	L	C	K	C	S	T	A	N	N	R	J	O
K	H	J	Ř	O	T	A	R	O	B	A	L	M	S	L
V	I	B	G	M	U	E	Z	U	M	N	N	A	O	A
U	Ě	N	L	E	Y	O	F	D	E	I	O	R	G	A
C	B	Ž	O	N	T	V	S	N	I	X	N	K	A	D
Z	C	A	T	Ó	Š	K	O	L	A	H	U	E	R	Í
X	X	X	D	I	E	A	N	R	Á	V	O	T	Á	L
D	I	V	A	D	L	O	N	L	C	V	E	T	Ž	N
P	F	P	U	A	P	U	T	G	N	S	L	Y	E	A
X	M	Ř	O	T	A	V	R	E	S	B	O	B	H	L
O	T	L	F	S	A	Z	J	D	R	J	N	X	J	S

BYT
DÍLNA
KABINA
HRAD
KINO
ŠKOLA
GARÁŽ
STODOLA
NEMOCNICE
HOTEL
LABORATOŘ
MUZEUM
OBSERVATOŘ
STADIÓN
SUPERMARKET
STAN
DIVADLO
VĚŽ
UNIVERZITA
TOVÁRNA

88 - Activités et Loisirs

W	R	B	A	S	E	B	A	L	L	R	M	P	V	T
S	C	E	S	T	O	V	A	T	L	Y	A	L	O	U
E	U	Y	G	A	E	V	A	U	A	B	L	A	L	R
V	I	R	B	K	J	P	T	K	B	O	O	V	E	I
Í	Y	D	F	T	E	N	I	S	T	L	V	Á	J	S
N	K	T	L	O	J	K	B	S	E	O	Á	N	B	T
Á	Č	N	O	I	V	P	O	J	K	V	N	Í	A	I
V	Í	P	G	Z	Z	Á	Y	H	S	W	Í	L	L	K
O	N	Í	N	E	Č	I	N	D	A	R	H	A	Z	A
P	O	T	Á	P	Ě	N	Í	Í	B	W	Y	U	V	Y
M	K	E	C	S	B	D	Y	N	F	O	T	B	A	L
E	D	H	G	H	F	B	K	Ě	O	B	X	U	D	E
K	D	Z	G	O	D	K	S	M	C	X	O	K	O	P
C	M	Í	N	Á	V	O	P	U	K	A	N	X	C	C
B	L	V	J	B	Y	R	E	L	A	X	A	Č	N	Í

NAKUPOVÁNÍ
UMĚNÍ
BASEBALL
BASKETBAL
BOX
KEMPOVÁNÍ
FOTBAL
GOLF
ZAHRADNIČENÍ
PLAVÁNÍ
KONÍČKY
MALOVÁNÍ
RYBOLOV
POTÁPĚNÍ
TURISTIKA
RELAXAČNÍ
SURFOVÁNÍ
TENIS
VOLEJBAL
CESTOVAT

89 - Livres

V	H	Ě	B	Í	Ř	P	L	T	Č	R	H	I	V	H
E	P	O	S	Á	W	T	K	R	T	E	I	W	Y	A
Z	O	K	C	K	S	X	J	A	E	L	S	R	N	A
Í	T	S	Y	R	D	E	D	G	N	E	T	G	A	S
N	R	F	L	N	E	T	Ň	I	Á	V	O	I	L	A
R	O	M	Á	N	H	N	J	C	Ř	A	R	B	É	O
Á	K	Z	P	N	Ý	O	O	K	I	N	I	R	Z	M
R	U	V	L	M	N	K	S	Ý	U	T	C	X	A	P
E	A	W	A	Y	P	W	S	Ř	H	N	K	Z	V	P
T	E	K	K	U	I	C	B	J	A	Í	Ý	C	Ý	O
I	O	N	N	A	T	I	L	A	U	D	D	R	S	E
L	N	O	Á	U	V	O	T	E	M	P	A	L	T	Z
P	A	K	R	Í	B	S	R	F	H	A	Y	M	J	I
A	Í	V	T	S	Ž	U	R	D	O	R	B	O	D	E
Z	E	B	S	F	V	Y	P	R	A	V	Ě	Č	N	W

AUTOR
DOBRODRUŽSTVÍ
SBÍRKA
KONTEXT
DUALITA
EPOS
PŘÍBĚH
HISTORICKÝ
VTIPNÝ
VYNALÉZAVÝ
ČTENÁŘ
LITERÁRNÍ
VYPRAVĚČ
STRÁNKA
RELEVANTNÍ
BÁSEŇ
POEZIE
ROMÁN
ŘADA
TRAGICKÝ

90 - Pays #2

N	H	F	D	F	K	E	F	H	E	E	C	P	P	Z
R	U	S	K	O	N	O	N	A	B	I	L	B	Á	J
T	D	Á	N	S	K	O	Z	I	G	C	R	U	K	I
O	O	X	C	H	K	K	V	T	U	N	X	Ý	I	N
J	A	P	O	N	S	K	O	I	L	A	O	S	S	D
J	D	U	F	T	J	Z	K	O	M	R	E	E	T	O
A	N	K	C	V	C	U	I	K	J	F	H	I	Á	N
M	A	R	N	J	M	J	X	S	Ú	D	Á	N	N	É
A	G	A	I	Č	I	N	E	L	Y	D	F	Á	W	S
J	U	J	R	X	Í	H	M	Á	N	T	R	B	V	I
K	Z	I	S	Y	G	N	C	M	I	T	P	L	U	E
A	Z	N	K	Y	S	R	A	O	P	X	I	A	T	X
Z	W	A	O	T	P	J	X	S	H	K	E	Ň	A	B
K	K	F	V	V	O	I	U	N	S	X	X	P	L	M
L	S	T	C	X	I	R	X	J	G	Z	Z	I	P	G

ALBÁNIE
ČÍNA
DÁNSKO
FRANCIE
HAITI
INDONÉSIE
IRSKO
JAMAJKA
JAPONSKO
KEŇA
LAOS
LIBANON
MEXIKO
UGANDA
PÁKISTÁN
RUSKO
SOMÁLSKO
SÚDÁN
SÝRIE
UKRAJINA

91 - Fournitures d'Art

N	D	C	D	B	T	V	X	T	T	B	P	R	A	D
A	K	V	A	R	E	L	Y	U	V	D	A	M	K	Ř
J	J	Í	L	N	J	I	P	Ž	O	E	P	R	R	E
O	L	D	I	P	E	L	H	K	Ř	Č	Í	C	Y	V
T	Ů	P	L	W	L	F	B	Y	I	Á	R	J	L	Ě
S	T	S	M	V	O	S	E	W	V	T	B	I	N	N
R	S	G	K	V	O	D	A	D	O	R	D	K	H	É
I	P	X	U	A	D	R	Y	I	S	A	A	O	C	U
D	Z	P	P	M	T	B	N	J	T	K	I	B	D	H
M	O	X	A	Z	A	Z	B	J	B	F	W	K	Y	L
H	B	F	V	S	V	A	G	G	R	F	T	J	X	Í
L	M	O	K	U	T	Á	R	A	P	A	O	T	O	F
A	M	Y	A	J	O	E	L	D	I	Ž	V	Y	E	R
I	N	K	O	U	S	T	L	X	J	H	V	P	W	K
T	R	F	R	N	X	P	O	Y	D	A	P	Á	N	N

AKRYL
AKVARELY
JÍL
KARTÁČE
FOTOAPARÁT
ŽIDLE
DŘEVĚNÉ UHLÍ
STOJAN
LEPIDLO
BARVY
TUŽKY
TVOŘIVOST
VODA
INKOUST
GUMA
OLEJ
NÁPADY
PAPÍR
PASTELY
STŮL

92 - Jazz

K	O	N	C	E	R	T	C	S	E	T	G	M	M	N
S	K	H	P	Z	Í	N	E	Ž	O	L	S	B	O	R
I	L	O	S	Y	C	E	L	Z	E	E	F	P	R	N
Ý	R	A	T	S	I	L	Ě	U	B	T	N	P	J	W
A	U	U	V	O	B	A	M	B	O	A	Ž	U	E	N
K	V	Z	K	N	I	T	U	M	P	D	Á	Z	Y	K
I	I	P	W	E	Ý	V	O	N	E	A	N	O	F	C
N	I	J	D	T	B	F	K	M	Z	L	R	R	L	X
H	U	D	B	A	M	D	K	O	T	K	K	T	N	W
C	V	U	K	A	L	B	U	M	T	S	Z	S	E	C
E	M	A	J	D	S	Y	O	B	L	Í	B	E	N	É
T	Y	S	S	T	V	Ó	T	W	L	P	C	H	J	W
G	R	Y	T	M	U	S	L	S	C	U	D	C	P	O
P	Í	S	E	Ň	K	X	G	O	V	J	O	R	D	D
I	M	P	R	O	V	I	Z	A	C	E	T	O	Z	A

ALBUM
UMĚLEC
SLAVNÝ
PÍSEŇ
SKLADATEL
SLOŽENÍ
KONCERT
OBLÍBENÉ
ŽÁNR
IMPROVIZACE
HUDBA
NOVÝ
ORCHESTR
RYTMUS
SÓLO
STYL
TALENT
BICÍ
TECHNIKA
STARÝ

93 - Paysages

V	F	N	U	G	H	O	R	E	Z	E	J	Ú	N	X
P	O	U	Š	Ť	O	S	Ú	V	F	N	K	S	W	L
F	N	K	L	W	R	T	J	D	H	P	G	T	F	X
W	F	V	I	A	A	R	F	X	O	K	K	Í	V	I
D	N	H	E	A	W	O	R	A	X	L	W	V	U	T
V	G	C	G	K	K	V	X	B	E	J	Í	O	A	R
U	X	E	J	P	L	E	D	O	V	E	C	I	A	R
A	X	P	U	O	B	Z	Ř	G	D	J	M	T	M	F
F	U	E	J	S	W	G	P	L	A	W	R	U	J	N
J	Z	Ě	N	Y	K	S	E	J	X	G	P	N	U	Y
V	O	D	O	P	Á	D	Ř	J	A	F	X	D	Y	I
G	U	R	E	C	E	P	O	K	Z	G	A	R	E	J
B	A	Ž	I	N	A	X	M	Y	Á	Í	R	A	I	H
Y	T	E	C	H	N	Á	E	C	O	A	R	R	B	T
X	Ž	Á	L	P	O	L	O	O	S	T	R	O	V	X

VODOPÁD
KOPEC
POUŠŤ
ÚSTÍ
ŘEKA
GEJZÍR
JESKYNĚ
LEDOVEC
OSTROV
JEZERO

BAŽINA
MOŘE
HORA
OÁZA
OCEÁN
POLOOSTROV
PLÁŽ
TUNDRA
ÚDOLÍ
SOPKA

94 - Pays #1

O	K	A	N	A	F	Š	P	A	N	Ě	L	S	K	O
X	U	D	O	H	M	I	Y	D	J	U	L	N	M	A
L	E	A	R	Z	I	R	N	J	R	S	I	O	I	F
N	L	N	S	L	B	O	Í	S	U	A	B	M	N	G
A	I	A	K	H	Y	Y	P	F	K	S	Y	P	D	H
R	O	K	O	R	A	M	I	M	R	O	E	O	I	Á
G	K	E	A	V	S	K	L	D	A	H	F	L	E	N
E	C	O	B	R	D	T	I	F	B	L	F	S	O	I
N	E	N	U	O	A	R	F	M	J	V	I	K	R	S
T	M	O	K	D	P	G	C	K	D	M	V	O	K	T
I	Ě	O	P	Á	R	Y	U	V	U	O	T	U	C	Á
N	N	A	G	V	D	L	S	A	I	T	F	P	U	N
A	V	H	B	K	B	R	A	Z	Í	L	I	E	E	J
J	R	U	E	E	R	U	M	U	N	S	K	O	Y	I
P	A	N	A	M	A	V	E	N	E	Z	U	E	L	A

AFGHÁNISTÁN
NĚMECKO
ARGENTINA
BRAZÍLIE
KANADA
ŠPANĚLSKO
EKVÁDOR
FINSKO
INDIE
IZRAEL
LIBYE
MALI
MAROKO
NIKARAGUA
NORSKO
PANAMA
FILIPÍNY
POLSKO
RUMUNSKO
VENEZUELA

95 - Nombres

Y	L	L	T	P	Ě	T	I	D	B	Y	Z	T	P	I
A	W	L	U	G	F	C	V	V	K	Y	V	F	Y	Ř
M	K	P	Č	G	T	Á	C	A	D	V	A	C	E	T
J	Y	G	T	D	H	N	I	F	Č	Y	V	O	Ý	C
D	A	T	Y	D	T	E	L	B	T	S	Z	S	N	Á
C	V	S	Ř	P	Z	T	S	F	R	D	B	N	N	N
W	M	A	I	S	U	A	L	U	N	D	E	M	I	M
C	A	F	N	C	S	V	M	O	Á	E	Š	S	T	S
O	F	P	D	Á	G	E	A	S	C	V	S	E	E	O
U	K	B	B	B	C	D	R	Y	T	Ě	T	C	S	T
G	R	G	A	U	F	T	C	Á	N	T	A	P	E	T
Š	E	S	T	N	Á	C	T	O	O	D	C	U	D	Y
S	E	D	M	N	Á	C	T	S	Z	E	W	V	V	O
T	Ř	I	N	Á	C	T	T	M	D	E	S	B	V	Y
G	R	S	V	Y	X	B	G	V	G	W	X	N	H	A

PĚT
DVA
DESETINNÝ
DESET
OSMNÁCT
DEVATENÁCT
SEDMNÁCT
DVANÁCT
OSM
DEVĚT
ČTRNÁCT
ČTYŘI
PATNÁCT
ŠESTNÁCT
SEDM
ŠEST
TŘINÁCT
TŘI
DVACET
NULA

96 - Psychologie

N	D	I	Z	M	S	Y	K	N	E	L	Š	Y	M	K
P	Á	M	R	X	T	I	U	O	G	E	C	O	M	E
P	R	P	W	X	E	G	Z	S	N	T	M	L	S	I
O	I	L	A	T	I	L	A	E	R	F	É	R	O	P
S	Ý	M	O	D	Ě	V	D	O	P	V	L	I	Z	A
O	M	Y	G	T	Y	M	K	J	X	N	B	I	S	R
U	O	C	H	O	V	Á	N	Í	D	Í	O	C	K	E
Z	D	D	Y	E	H	C	F	K	F	M	R	E	M	T
E	Ě	Ě	L	A	Y	D	T	J	I	Á	P	M	Z	S
N	V	T	I	C	O	P	C	D	A	N	D	V	Y	O
Í	E	S	S	J	K	A	G	Z	B	Í	K	S	L	N
P	N	T	I	N	J	M	E	N	O	V	Á	N	Í	B
M	S	V	X	Y	Y	K	L	I	N	I	C	K	Ý	O
T	B	Í	Z	K	U	Š	E	N	O	S	T	I	V	S
K	H	Z	A	I	A	R	X	C	M	X	W	L	G	O

KLINICKÝ
CHOVÁNÍ
KONFLIKT
EGO
DĚTSTVÍ
ZKUŠENOSTI
EMOCE
POSOUZENÍ
NÁPADY
NEVĚDOMÝ
MYŠLENKY
VNÍMÁNÍ
OSOBNOST
PROBLÉM
JMENOVÁNÍ
REALITA
SNY
POCIT
PODVĚDOMÝ
TERAPIE

97 - Nature

F	Y	M	K	L	S	J	H	U	Ú	F	W	Í	A	P
P	H	K	U	K	Ý	M	G	A	T	D	O	N	X	T
F	E	K	O	Y	K	C	E	V	O	D	E	L	A	Z
H	M	U	J	R	O	Ý	Y	W	Č	D	W	Á	G	N
M	W	T	U	K	V	K	Y	E	I	E	L	T	U	T
E	R	U	E	A	I	C	I	Ý	Š	R	I	I	E	P
W	Y	A	Ý	N	D	I	L	K	T	O	S	V	M	U
P	V	T	K	G	M	P	O	C	Ě	Z	T	A	C	G
B	V	A	C	Y	K	O	L	I	P	E	H	O	R	Y
G	V	Ř	I	L	N	R	N	T	G	O	O	J	H	G
Y	L	Í	M	E	J	T	F	K	K	S	U	M	B	Y
I	B	V	A	Č	N	L	E	R	C	R	E	Š	I	J
R	K	Z	N	V	K	N	I	A	X	I	Á	P	Ť	O
L	E	S	Y	G	S	V	A	T	Y	N	Ě	S	U	G
S	H	U	D	Ř	E	K	A	H	L	M	B	F	A	D

VČELY
ÚTOČIŠTĚ
ZVÍŘATA
ARKTICKÝ
KRÁSA
MLHA
POUŠŤ
DYNAMICKÝ
EROZE
LIST
ŘEKA
LES
LEDOVEC
HORY
MRAKY
SVATYNĚ
DIVOKÝ
KLIDNÝ
TROPICKÝ
VITÁLNÍ

98 - Chimie

M	P	M	L	V	K	Y	S	E	L	I	N	A	U	C
E	E	S	R	O	T	Á	Z	Y	L	A	T	A	K	H
W	L	G	G	D	R	S	D	D	V	P	S	U	T	L
S	Ů	E	R	Í	A	B	O	A	S	O	X	H	E	Ó
J	S	L	K	K	W	Z	G	J	J	H	K	L	P	R
Z	H	G	H	T	S	O	N	T	O	M	H	Í	L	Z
H	W	B	Ý	N	R	E	D	A	J	L	A	K	O	O
K	Y	S	L	Í	K	O	F	S	R	N	P	U	T	B
A	T	I	T	W	W	S	N	M	G	P	Z	E	A	P
A	L	K	A	L	I	C	K	É	E	D	T	K	T	K
K	A	P	A	L	I	N	A	L	U	K	E	L	O	M
P	L	Y	N	U	D	K	F	B	D	J	S	I	N	Y
B	W	I	A	C	S	Z	N	Z	D	H	Z	O	H	Z
D	E	Y	J	R	X	H	N	M	E	G	N	N	H	N
B	Z	Z	N	O	A	T	O	M	O	V	Ý	T	O	E

KYSELINA
ALKALICKÉ
ATOMOVÝ
UHLÍK
KATALYZÁTOR
TEPLO
CHLÓR
ENZYM
ELEKTRON
PLYN
VODÍK
IONT
KAPALINA
KOVY
MOLEKULA
JADERNÝ
KYSLÍK
HMOTNOST
SŮL
TEPLOTA

99 - Bateaux

F	R	R	P	Ř	E	K	A	F	R	M	W	S	J	D
G	W	U	O	J	Ř	Í	P	U	M	A	X	X	F	E
U	P	V	S	V	O	N	L	P	Ř	Í	L	I	V	T
V	I	W	Á	R	M	Ř	A	S	T	O	Ž	Á	R	K
L	R	S	D	G	B	O	C	U	U	U	S	E	O	P
Z	U	G	K	Z	K	M	H	T	D	F	D	U	V	K
P	E	I	A	I	I	Á	E	O	N	Á	K	M	D	A
P	T	G	L	R	Z	N	T	K	E	J	A	R	T	J
O	Y	K	P	W	V	Í	N	Ř	O	M	Á	N	S	A
M	V	S	O	H	F	K	I	V	L	A	N	O	O	K
L	O	L	A	T	K	N	C	L	M	O	T	O	R	K
Z	P	V	V	O	V	Z	E	N	L	C	A	S	E	N
N	J	A	T	H	C	A	J	Y	P	T	L	T	Z	U
O	C	E	Á	N	I	Y	Ó	R	S	Y	J	Y	E	E
K	B	X	E	P	A	S	B	R	D	R	I	R	J	W

KOTVA
BÓJE
KÁNOE
LANO
POSÁDKA
TRAJEKT
ŘEKA
KAJAK
JEZERO
PŘÍLIV
NÁMOŘNÍK
STOŽÁR
MOŘE
MOTOR
NÁMOŘNÍ
OCEÁN
VOR
VLNY
PLACHETNICE
JACHTA

100 - Mesures

G	R	T	F	X	K	D	I	F	B	J	G	I	M	P
R	L	U	O	Z	F	M	Y	P	I	N	A	O	I	A
A	C	I	D	E	S	E	T	I	N	N	Ý	B	N	L
M	U	H	T	J	A	B	V	O	C	G	L	J	U	E
A	W	A	M	R	T	E	M	O	L	I	K	E	T	C
U	O	D	R	T	D	A	M	G	W	V	D	M	A	C
E	O	I	U	M	H	M	O	T	N	O	S	T	K	E
V	Ý	Š	K	A	K	Ř	Í	Š	B	B	L	W	B	N
N	R	C	T	R	S	T	U	P	E	Ň	P	F	U	T
R	Y	K	I	G	J	F	I	C	C	O	V	G	O	I
L	C	T	I	O	I	C	P	I	N	T	A	B	L	M
F	W	W	M	L	U	N	C	E	R	K	K	G	H	E
R	L	K	E	I	F	N	Ó	J	B	T	L	V	O	T
R	E	D	T	K	V	P	B	T	H	U	É	U	Y	R
D	T	X	R	G	M	M	W	S	R	F	D	R	V	W

CENTIMETR
STUPEŇ
DESETINNÝ
GRAM
VÝŠKA
KILOGRAM
KILOMETR
ŠÍŘKA
LITR
DÉLKA
METR
MINUTA
BAJT
UNCE
PINTA
HMOTNOST
PALEC
HLOUBKA
TÓN
OBJEM

1 - Adjectifs #2

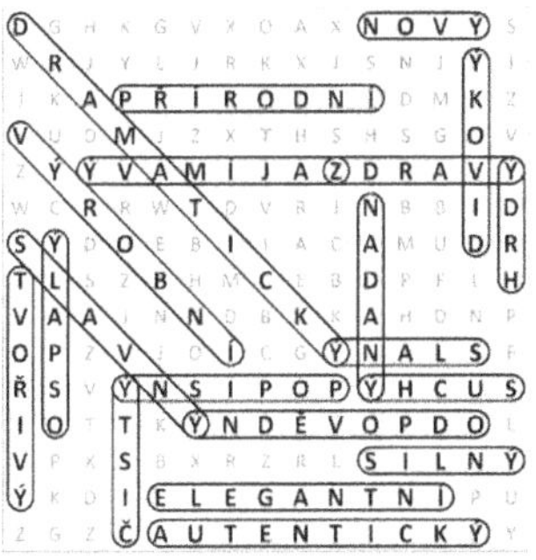

2 - Formes

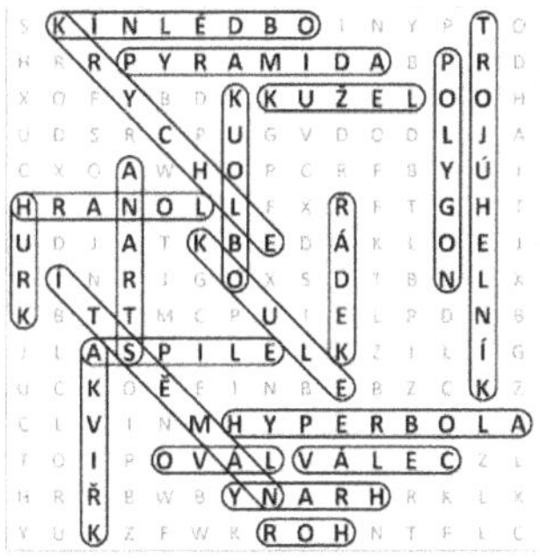

3 - Force et Gravité

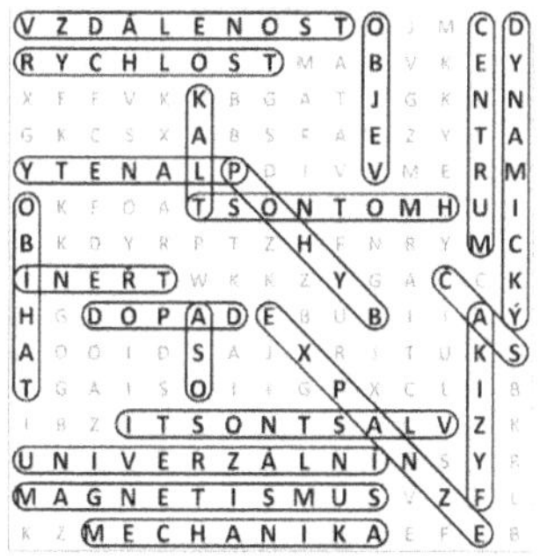

4 - Adjectifs #1

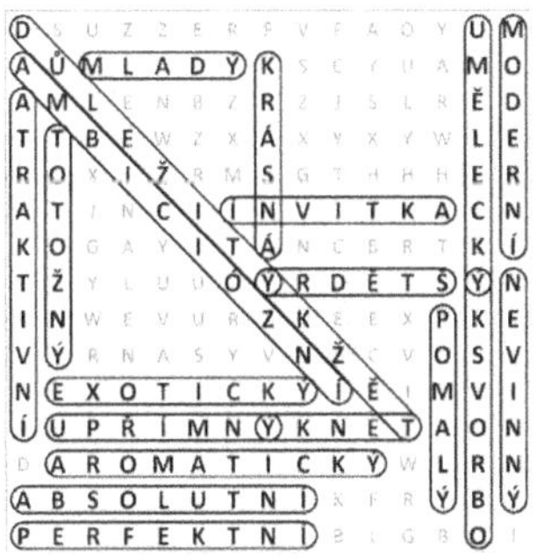

5 - Instruments de Musique

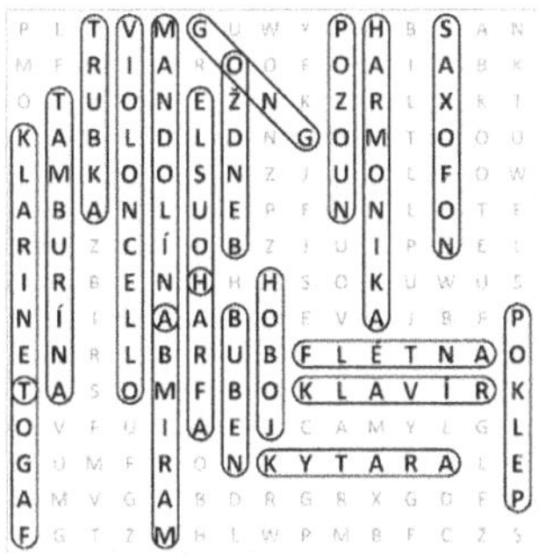

6 - Herboristerie

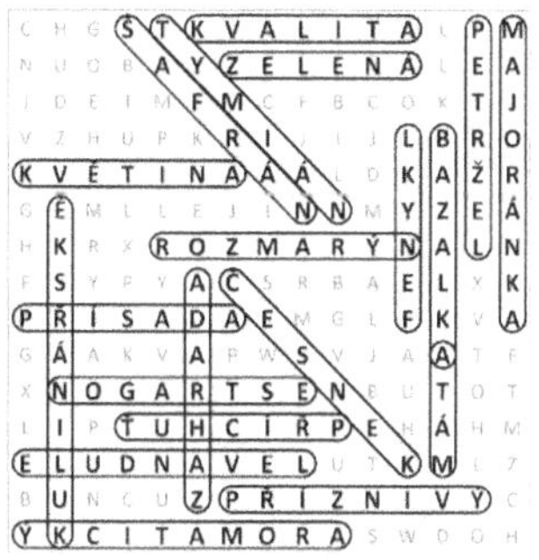

7 - Photographie

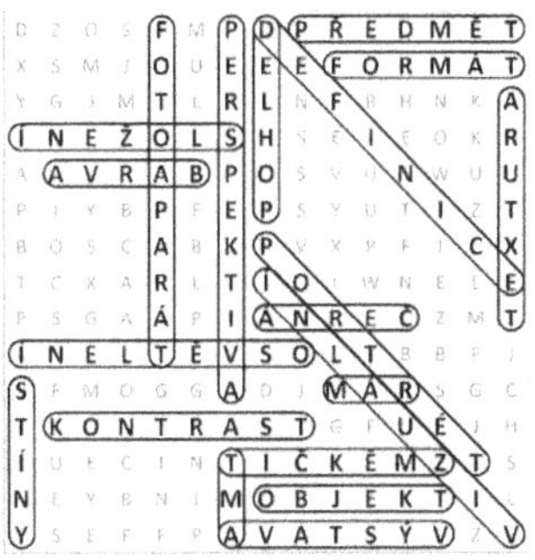

8 - Véhicules

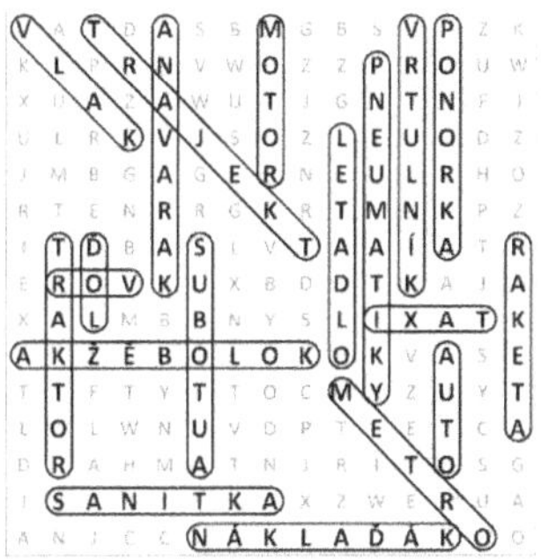

9 - Camping

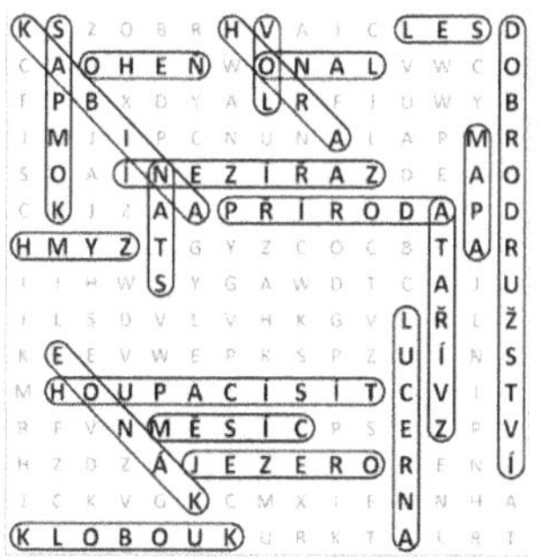

10 - Écologie

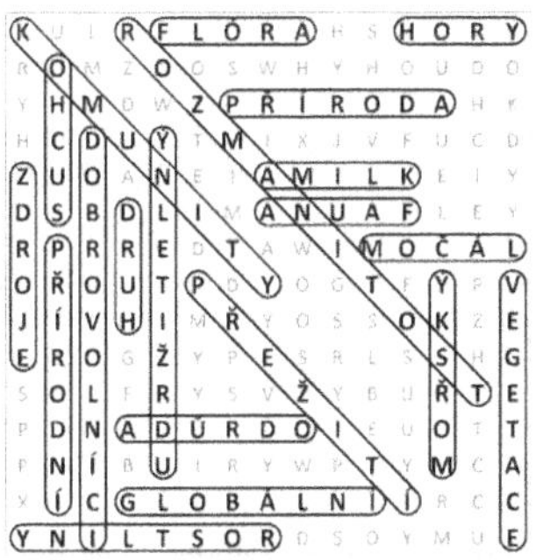

11 - Géométrie

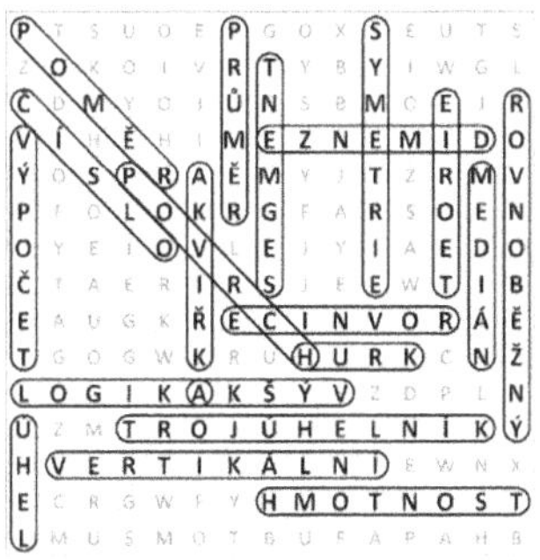

12 - Les Médias

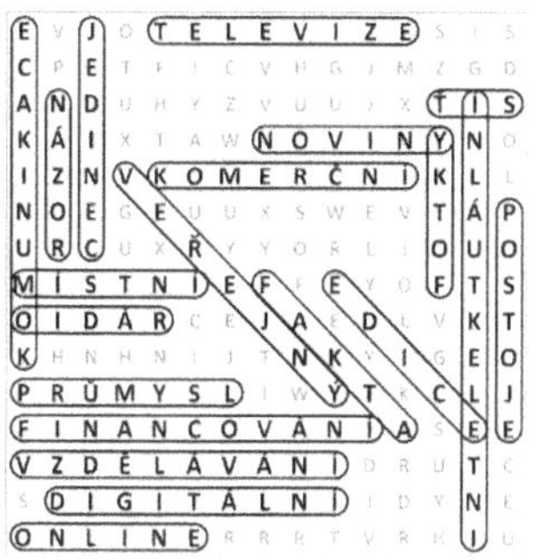

13 - Philanthropie

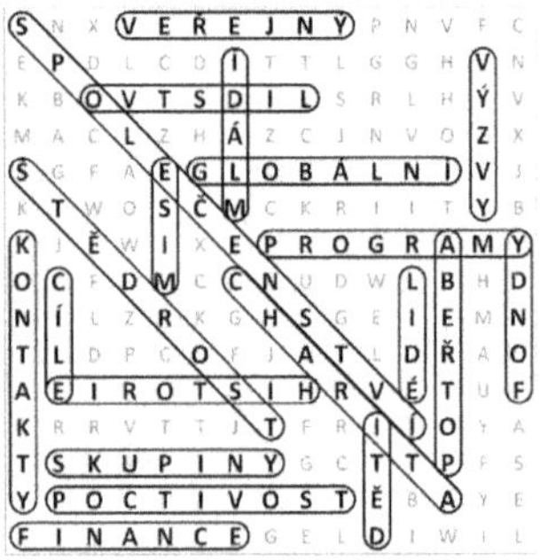

14 - Diplomatie

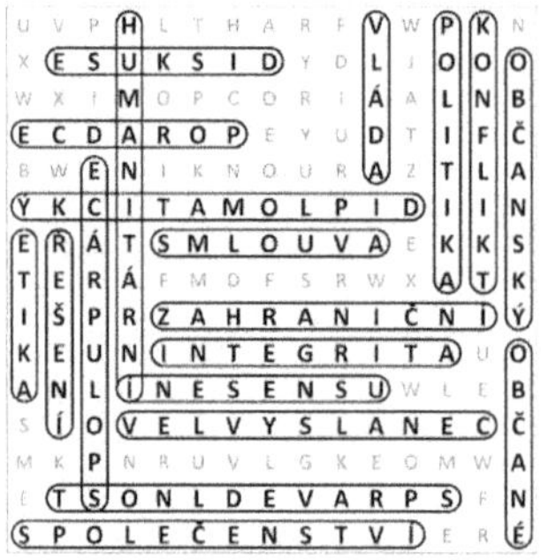

15 - Astronomie

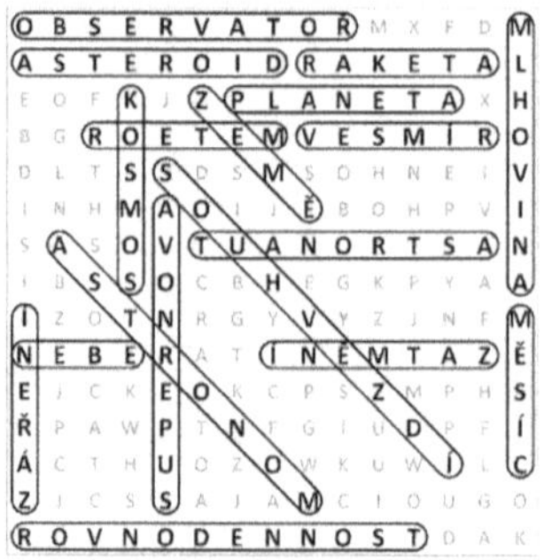

16 - Physique

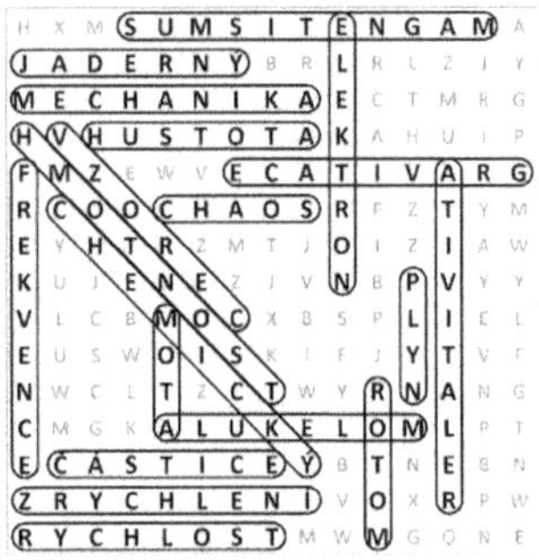

17 - Types de Cheveux

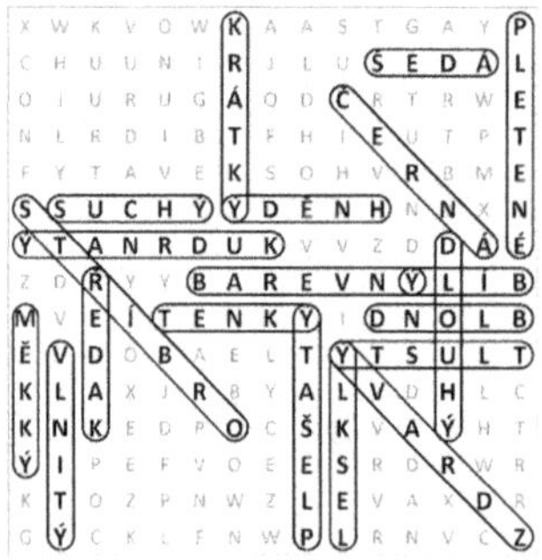

18 - Archéologie

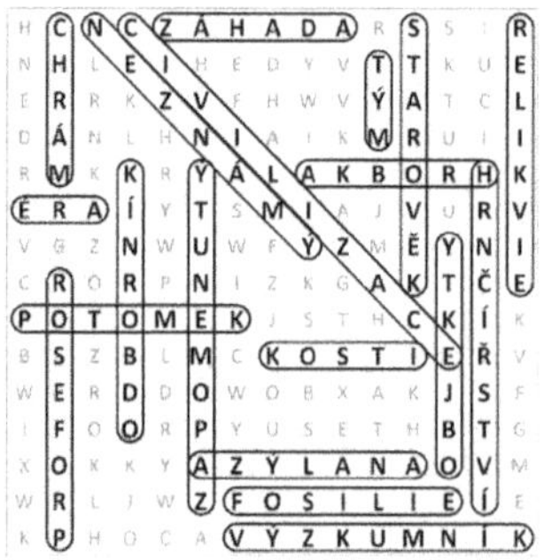

19 - Mammifères

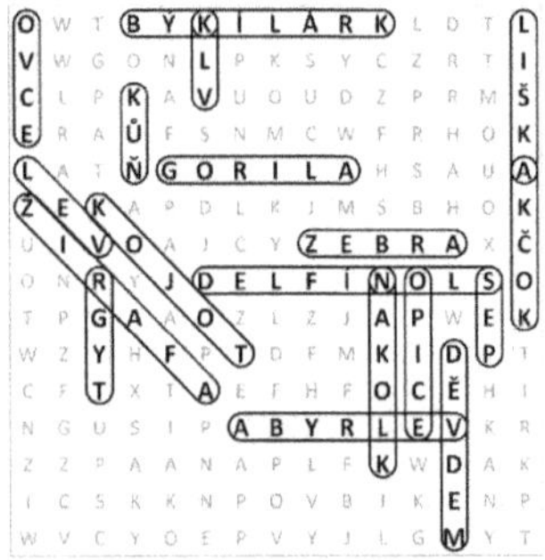

20 - Chocolat

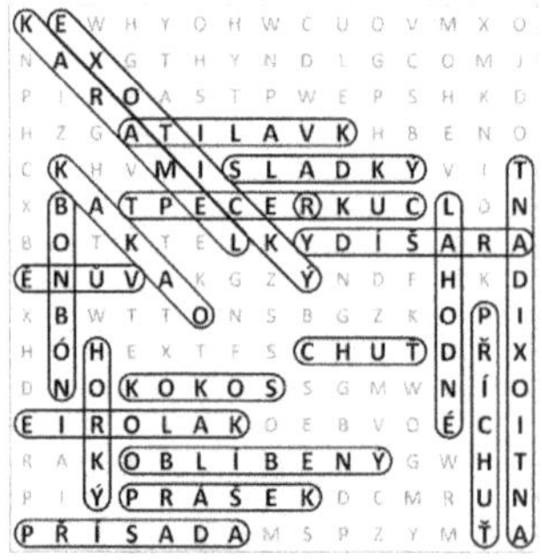

21 - Mathématiques

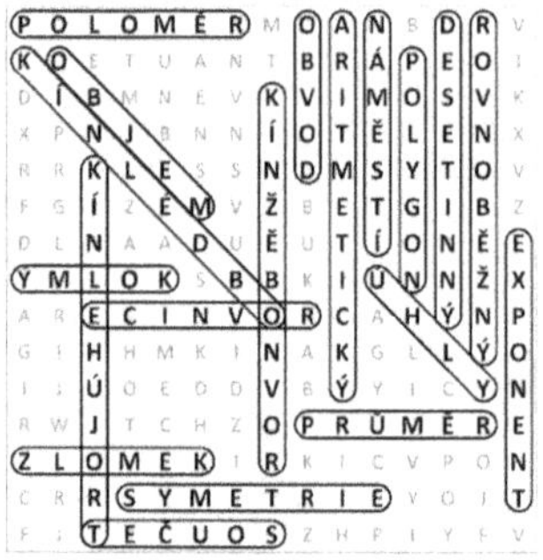

22 - Mythologie

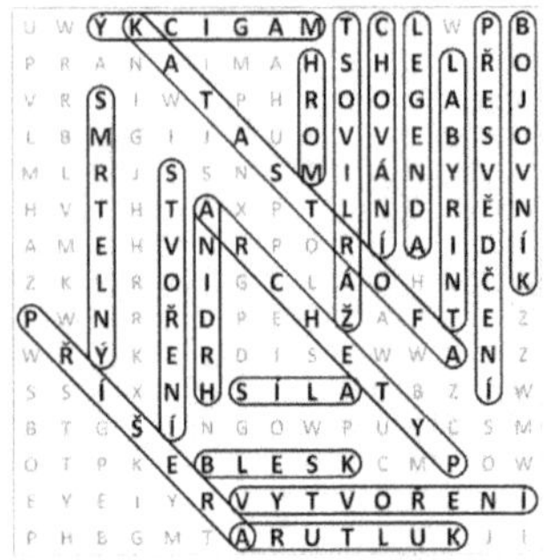

23 - Restaurant #2

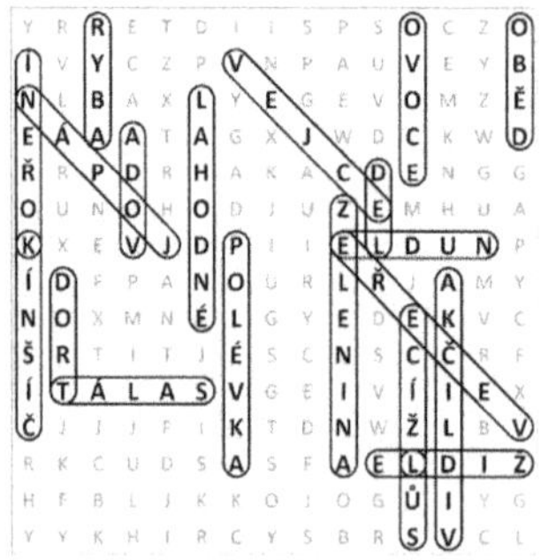

24 - Beauté

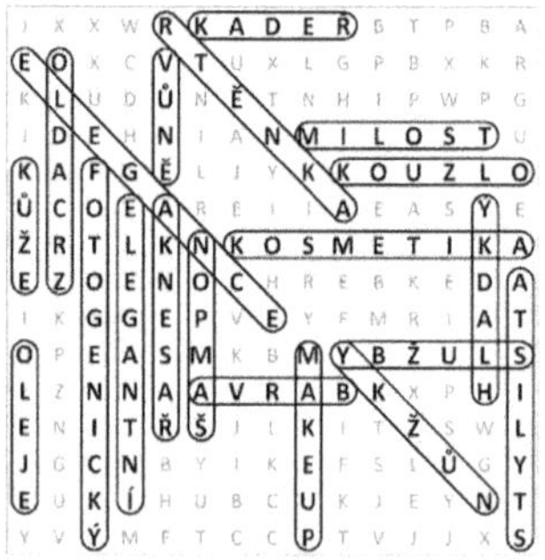

25 - Avions

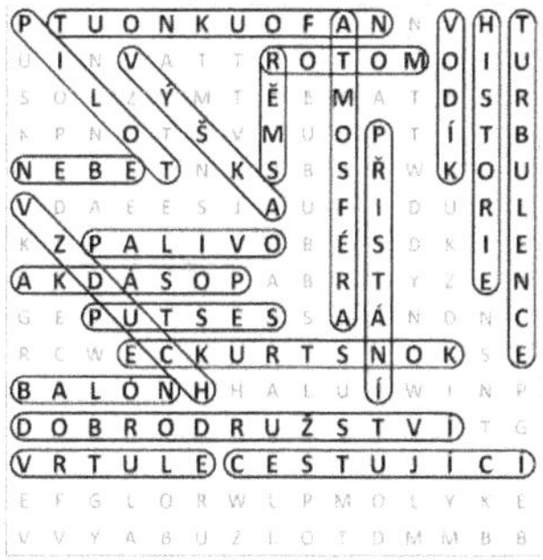

26 - Aventure

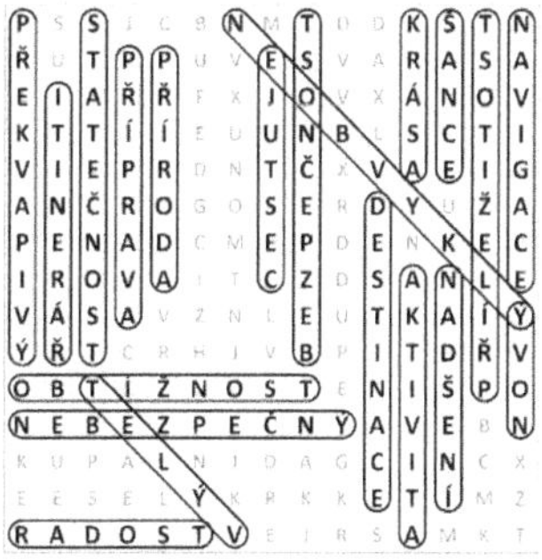

27 - Ville

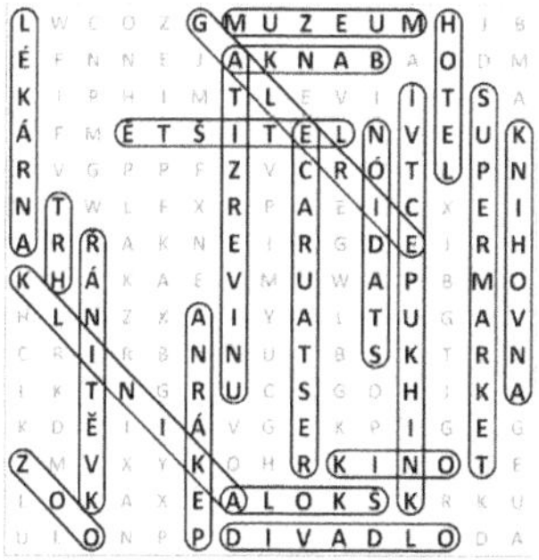

28 - Ingénierie

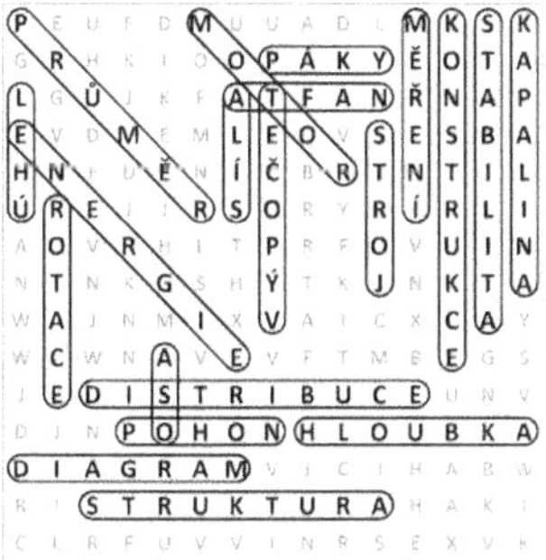

29 - Énergie

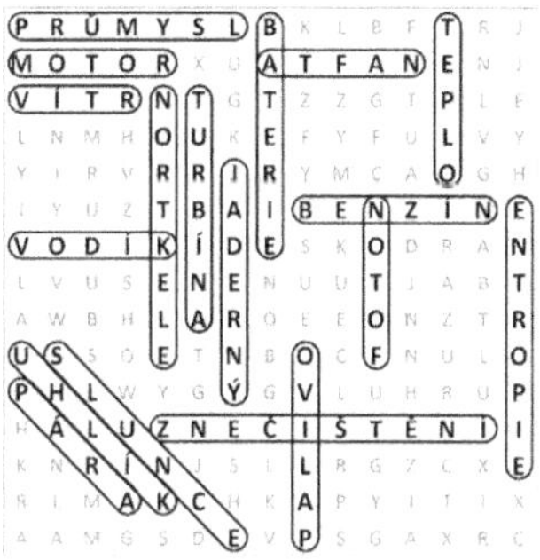

30 - Corps Humain

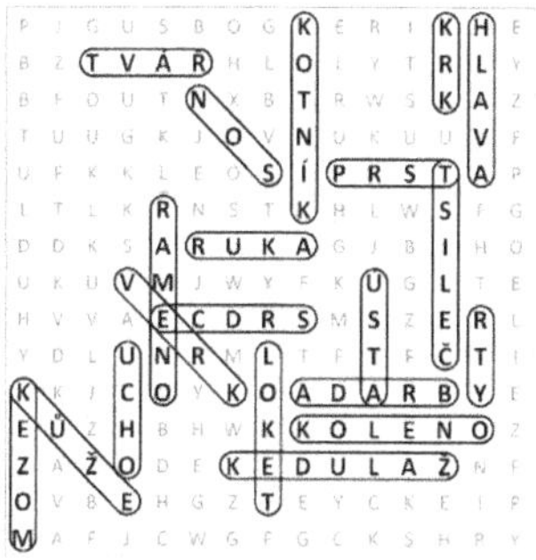

31 - Biologie

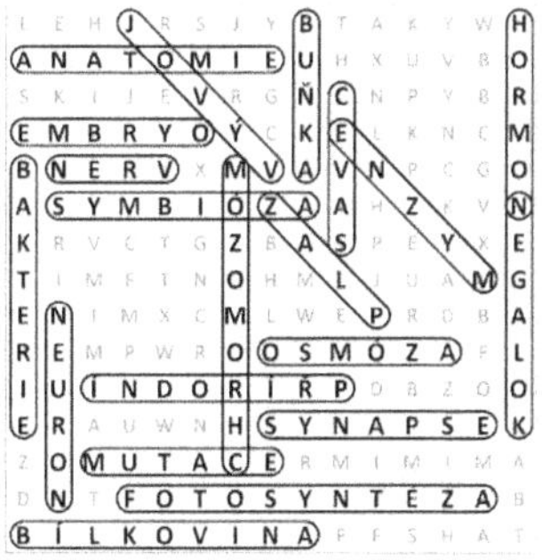

32 - Épices

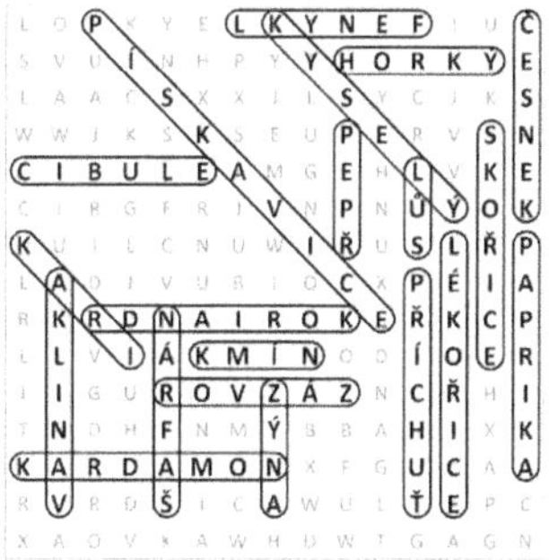

33 - Agronomie

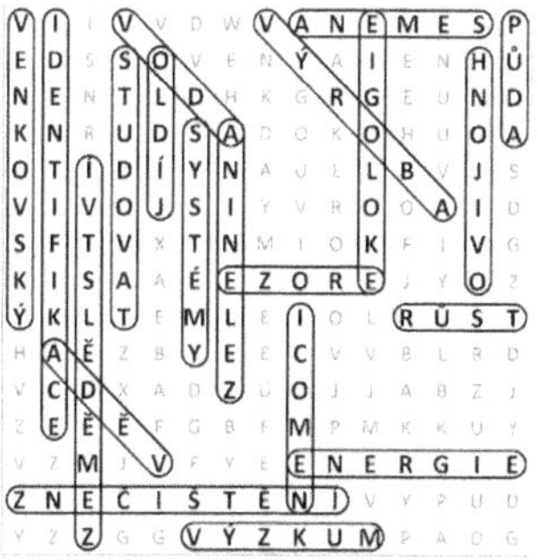

34 - Science

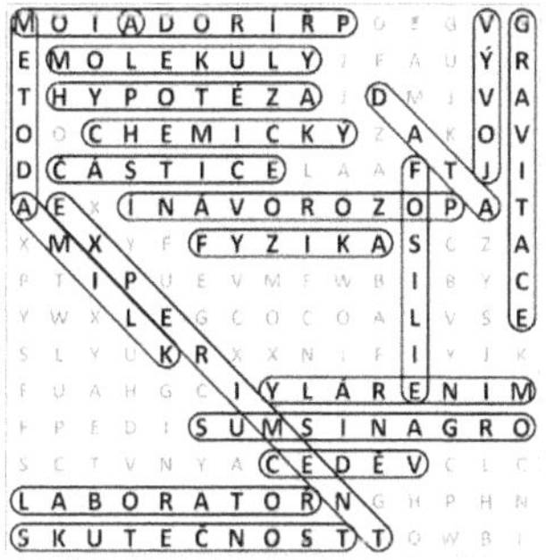

35 - Vêtements

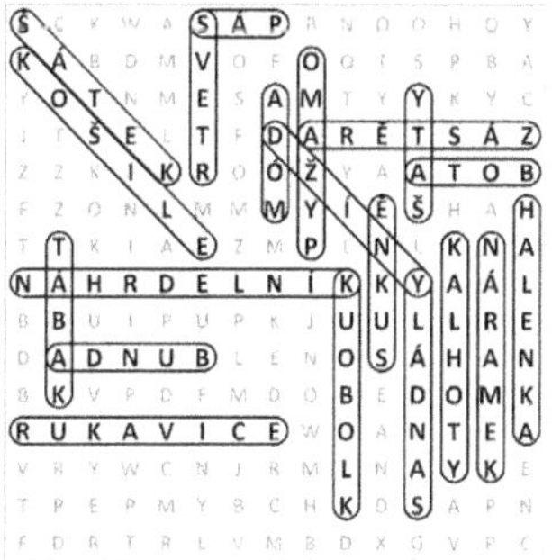

36 - Méditation

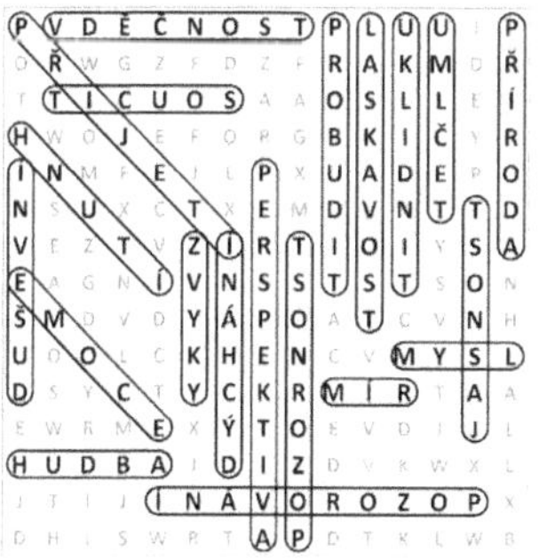

37 - Littérature

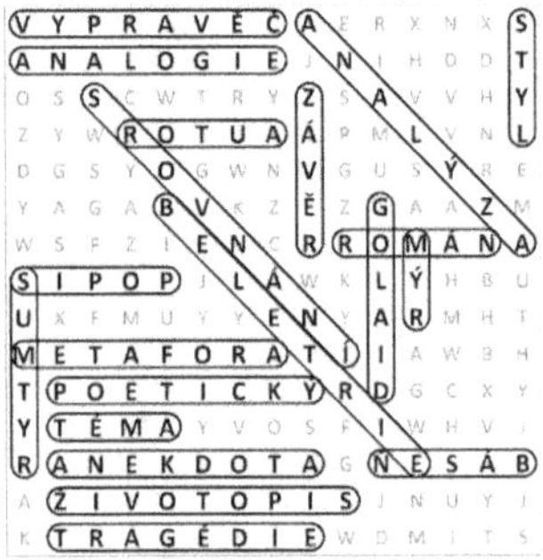

38 - Nourriture #1

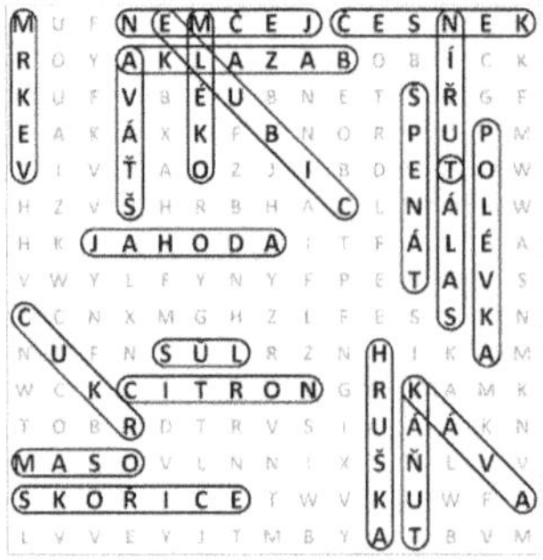

39 - Jours et Mois

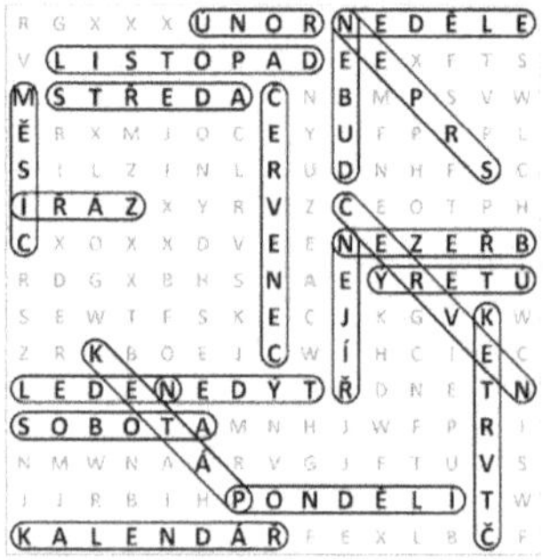

40 - Entreprise

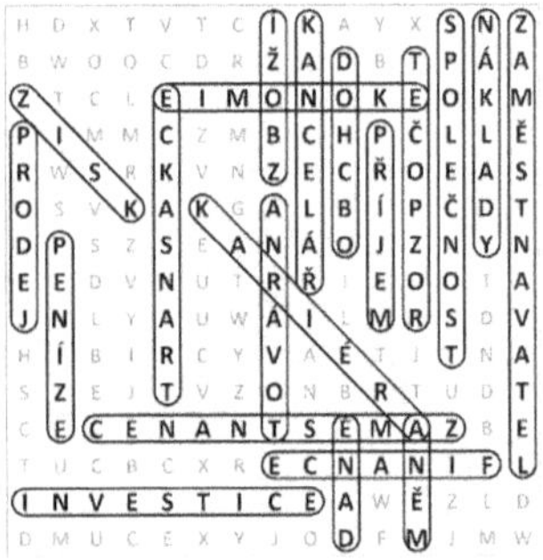

41 - Activités

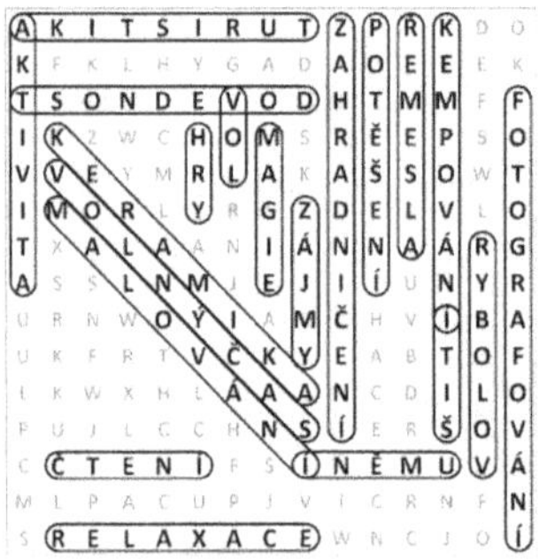

42 - Mode

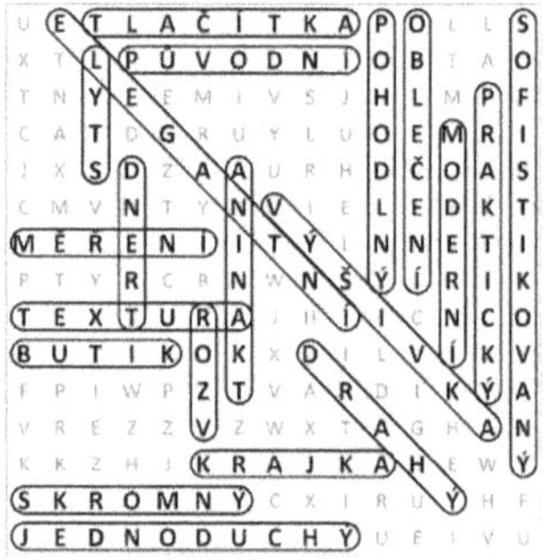

43 - Fleurs

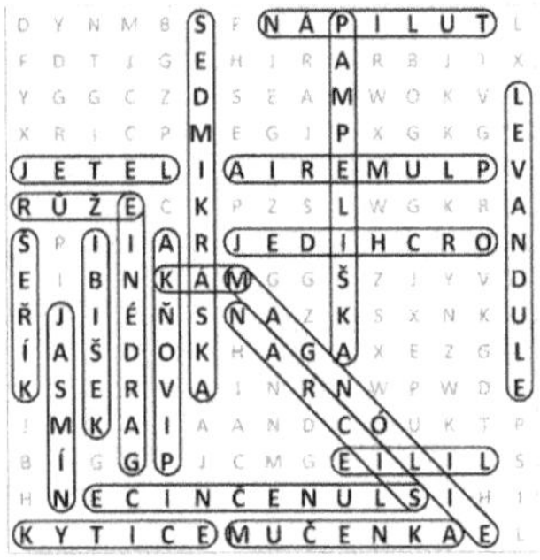

44 - Nourriture #2

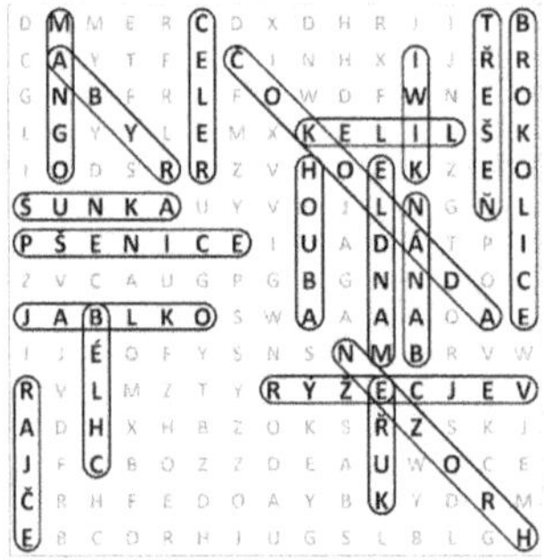

45 - Algèbre

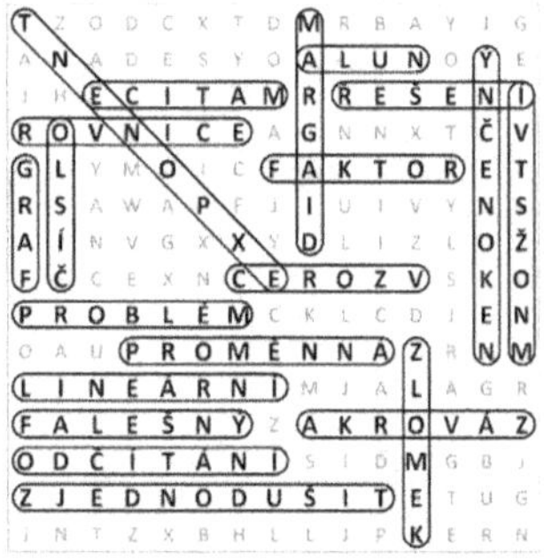

46 - Océan

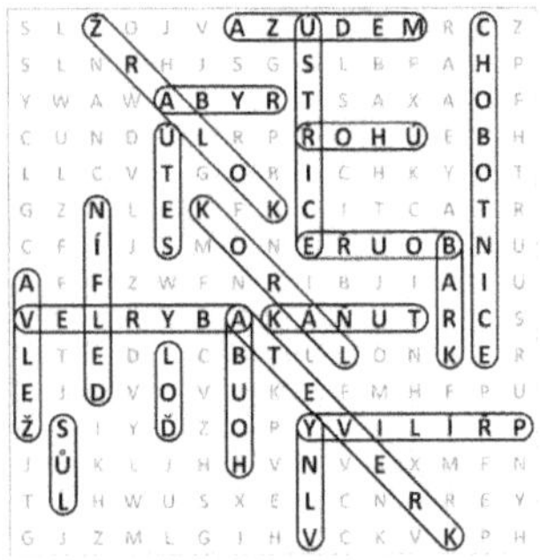

47 - Remplir

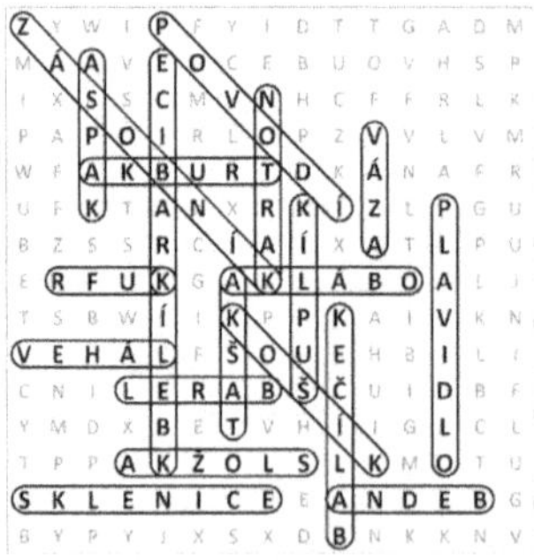

48 - Antiquités

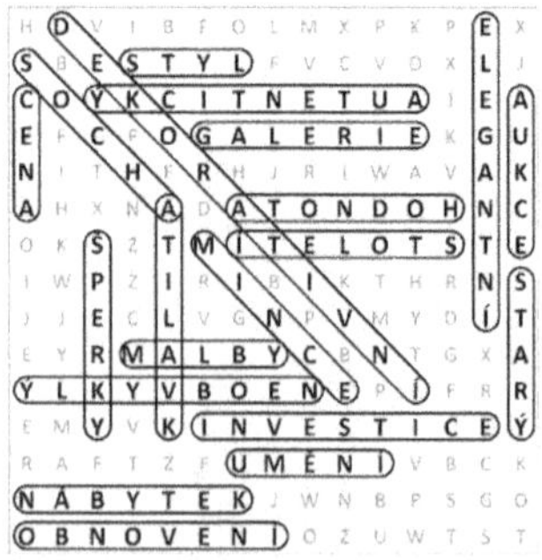

49 - Boxe

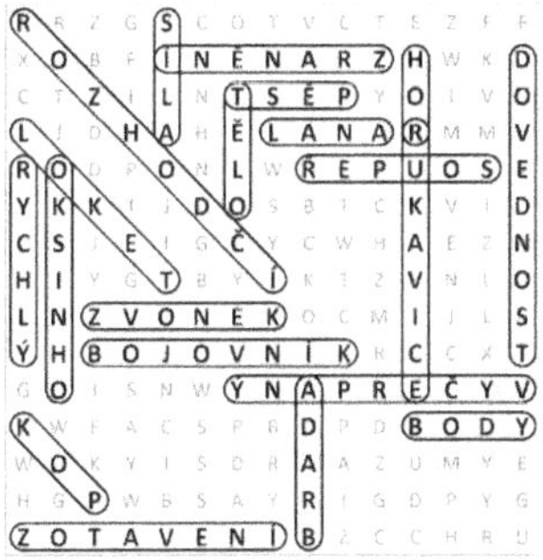

50 - Réchauffement Cli

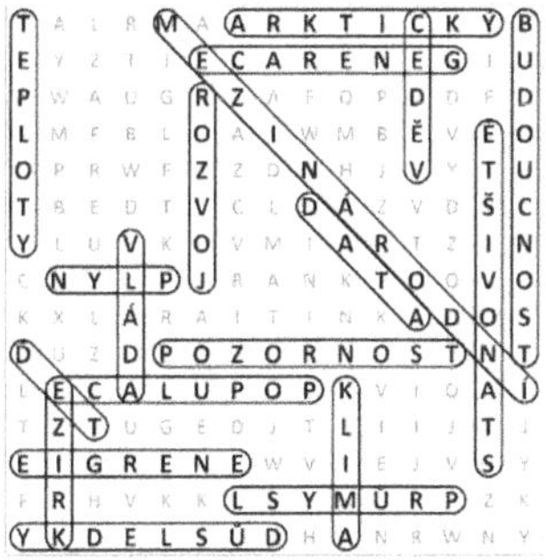

51 - Ballet

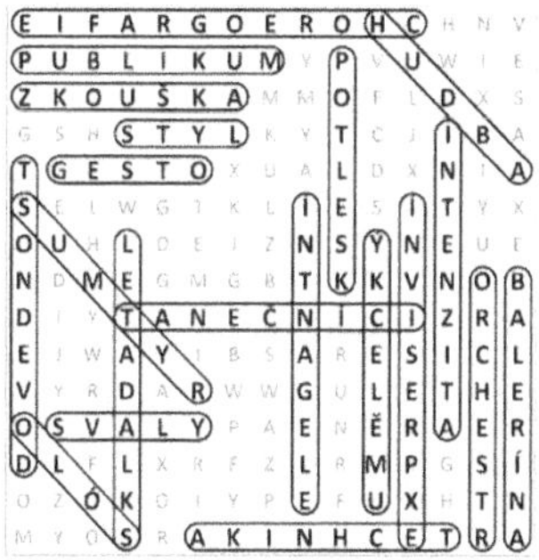

52 - Fruit

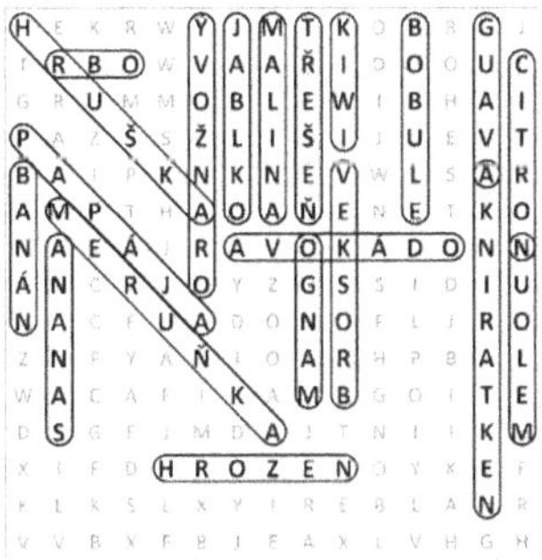

53 - Musique

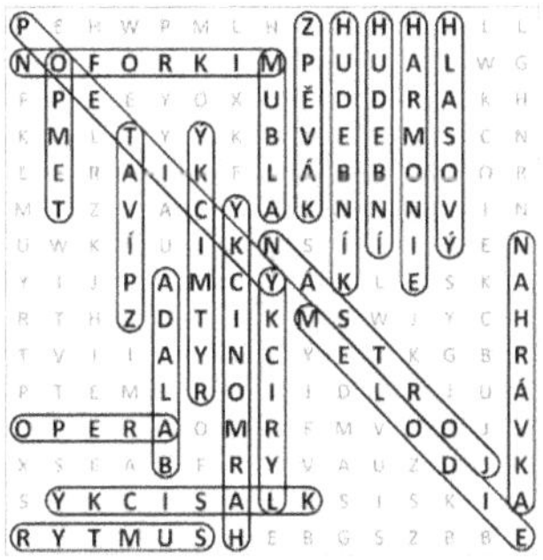

54 - L'Entreprise

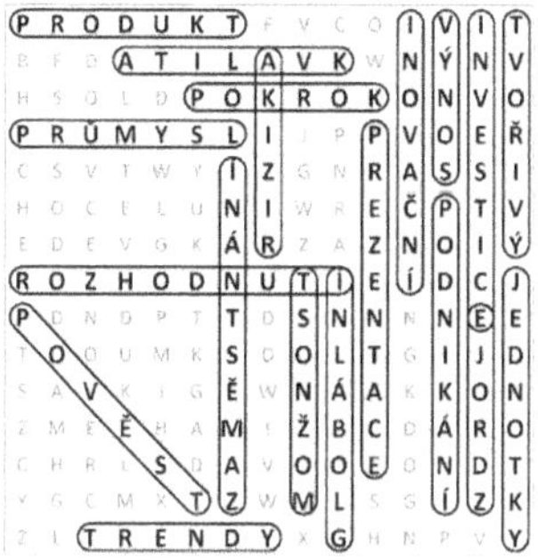

55 - Gouvernement

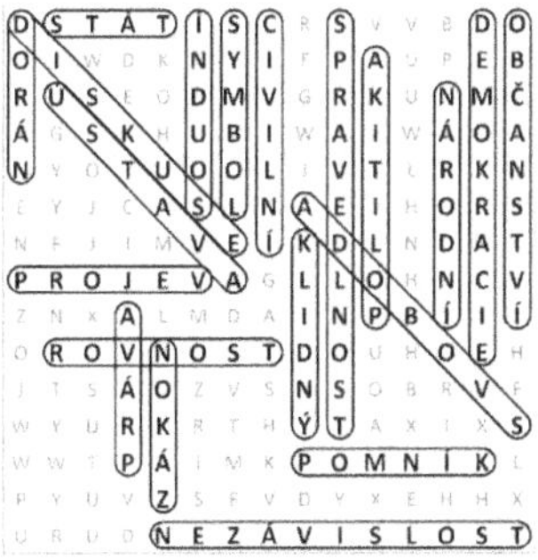

56 - Randonnée

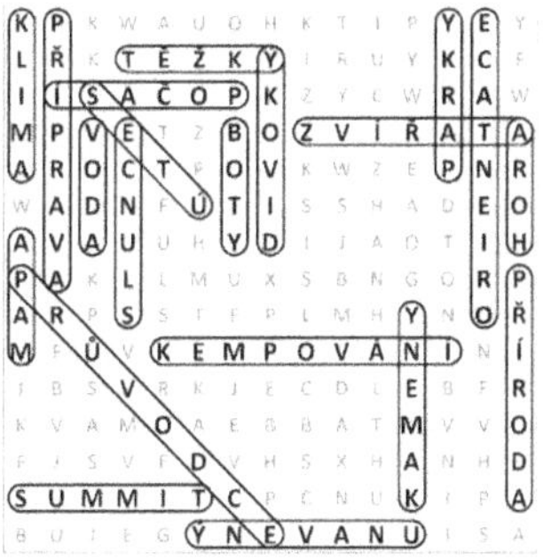

57 - Art

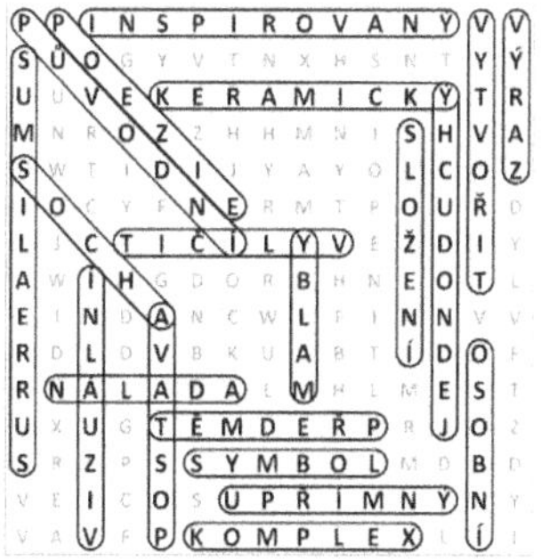

58 - Nutrition

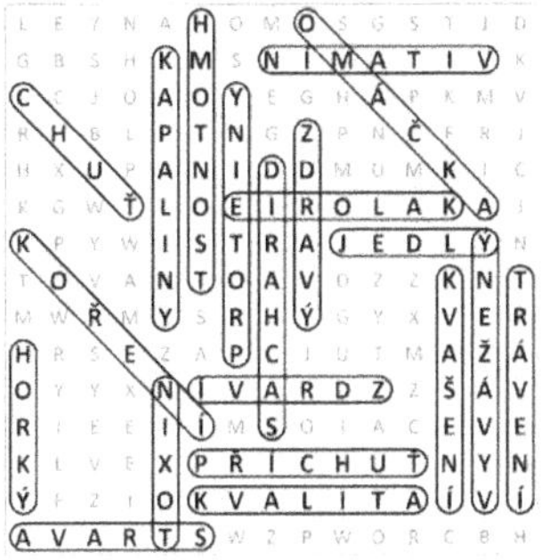

59 - Créativité

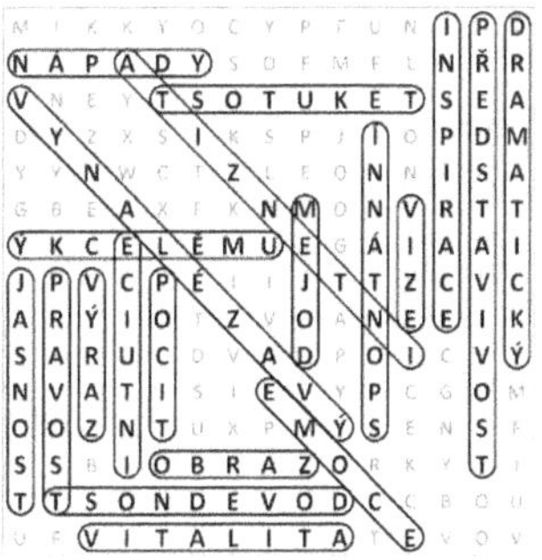

60 - Science Fiction

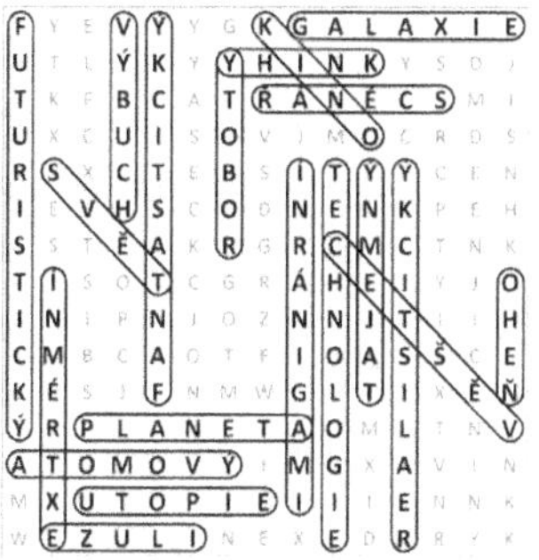

61 - Professions #1

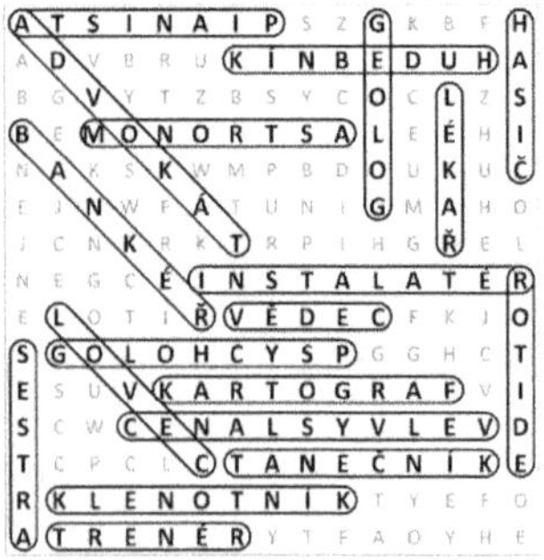

62 - Géologie

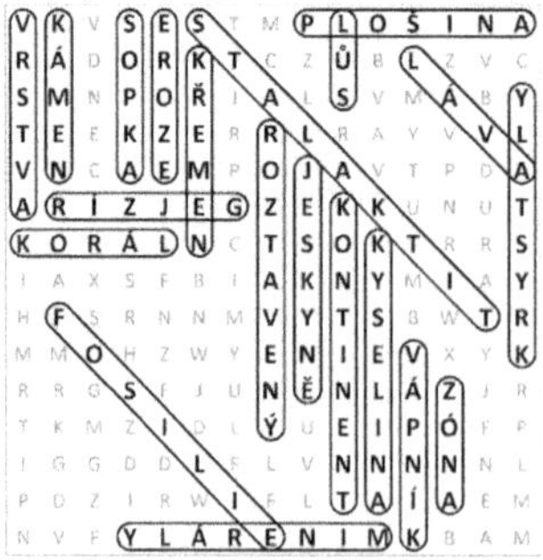

63 - Jardin

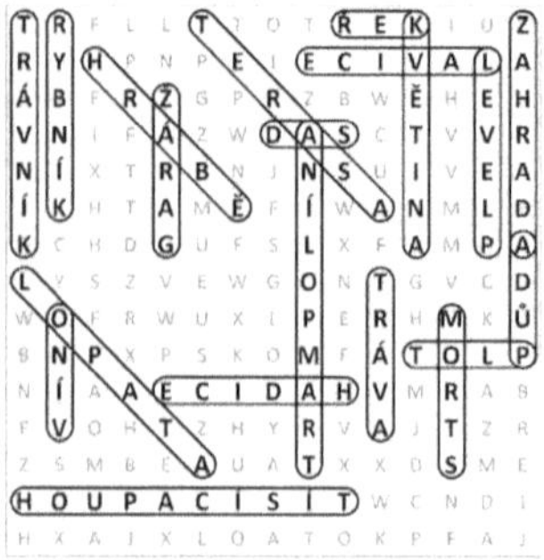

64 - Santé et Bien Être #1

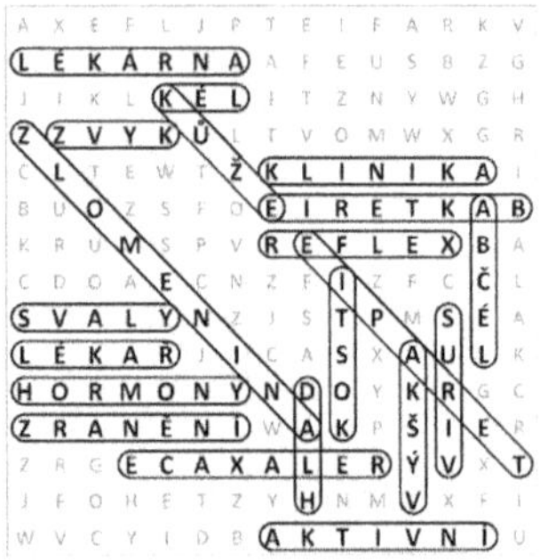

65 - Barbecues

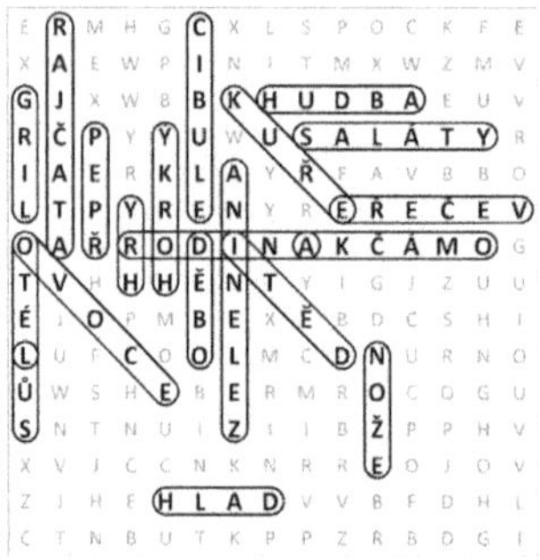

66 - Forêt Tropicale

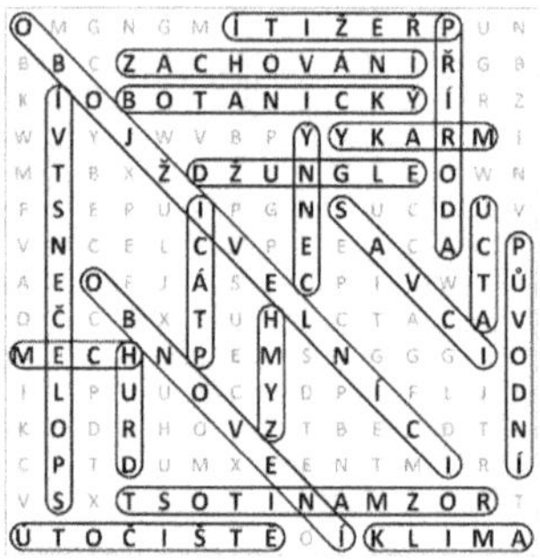

67 - Ferme #1

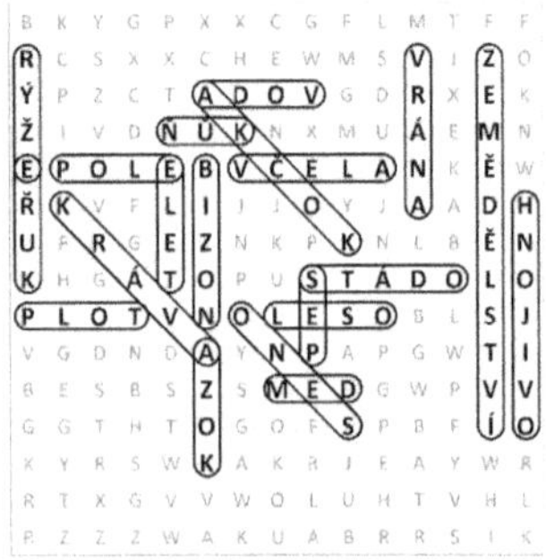

68 - Café

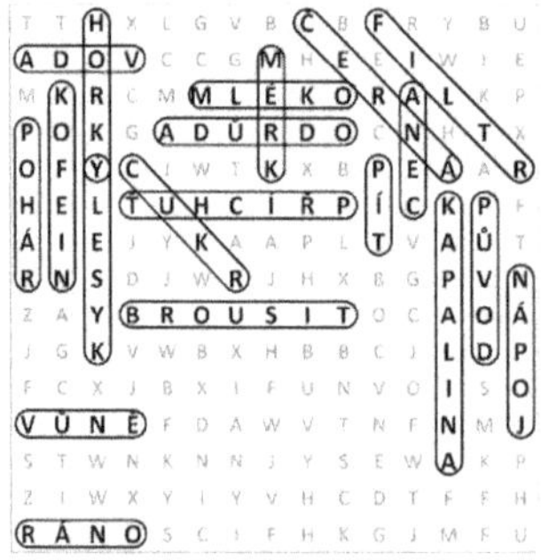

69 - Antarctique

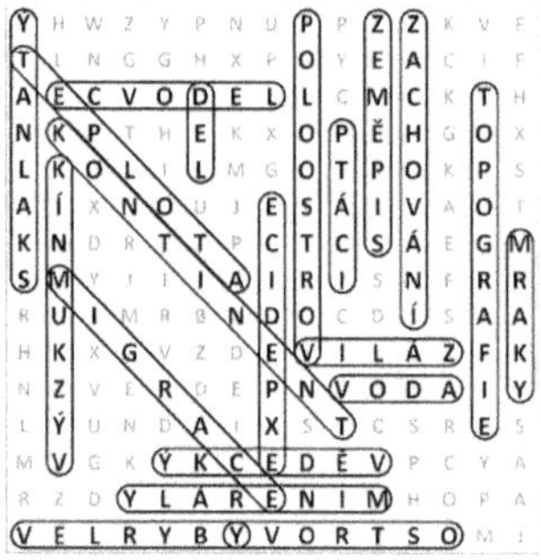

70 - Professions #2

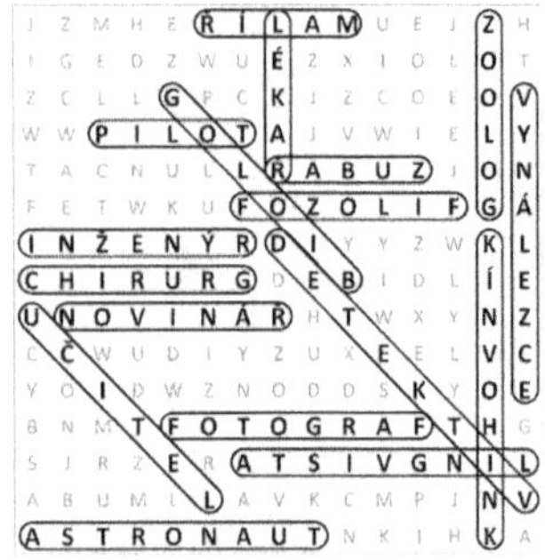

71 - Les Abeilles

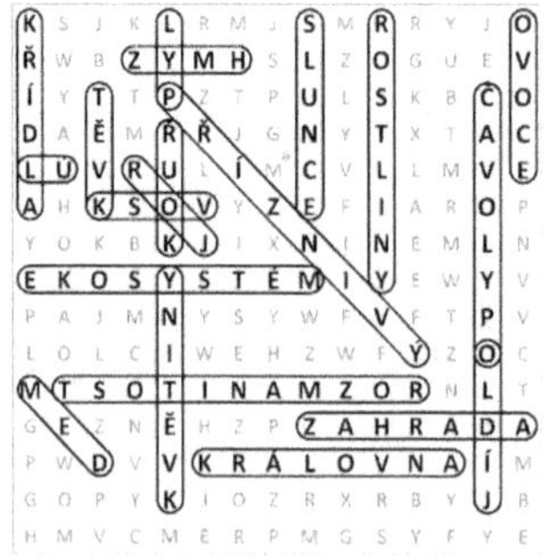

72 - Santé et Bien Être #2

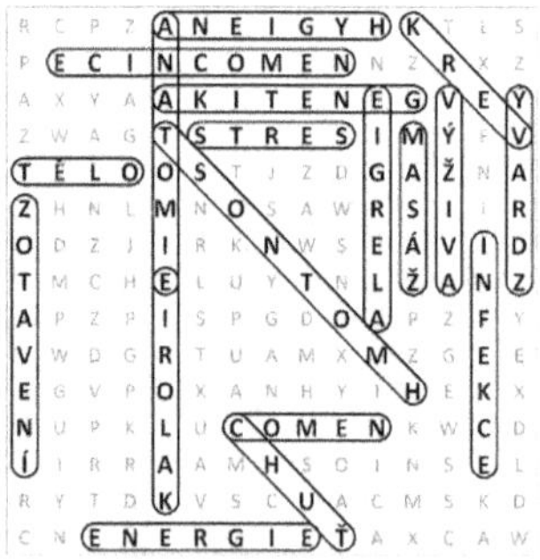

73 - Conduite

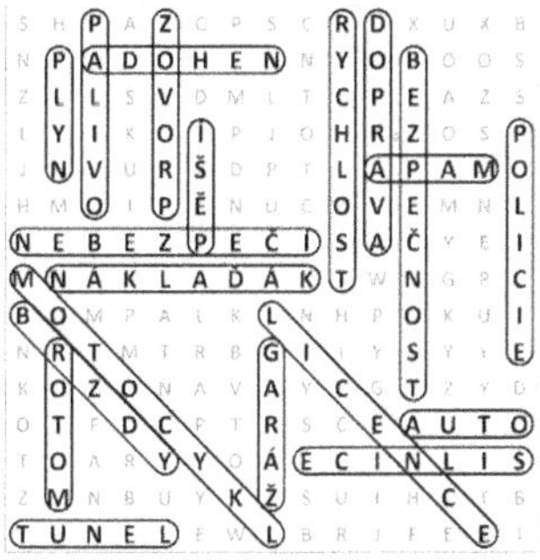

74 - Plantes

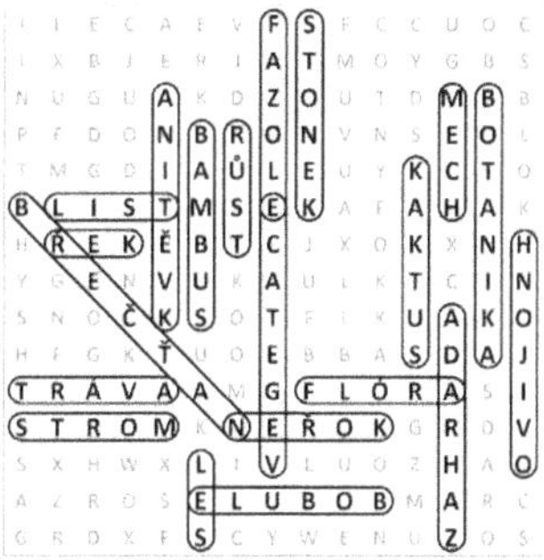

75 - Ferme #2

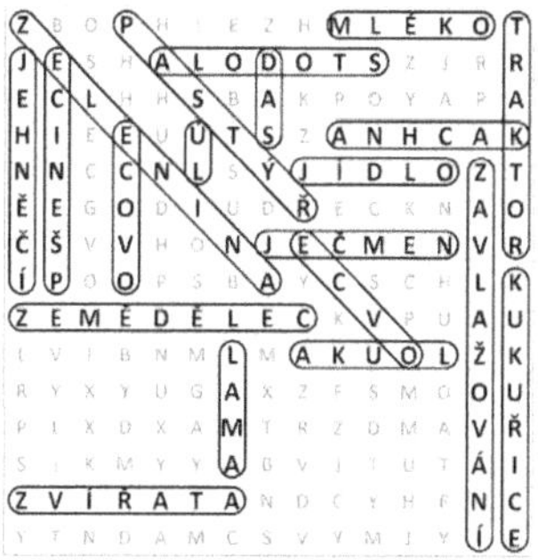

76 - Vacances #2

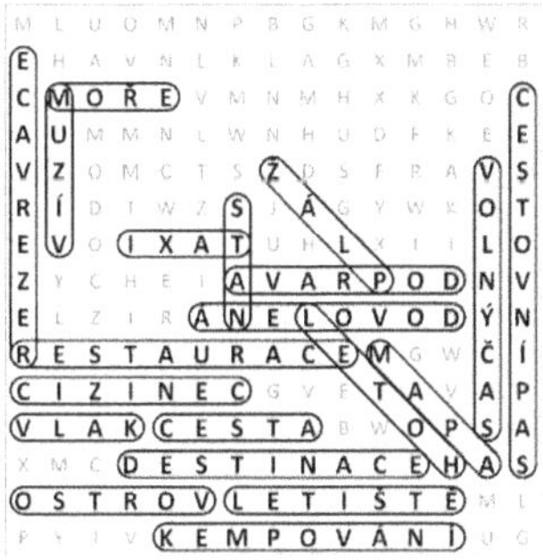

77 - Éthique

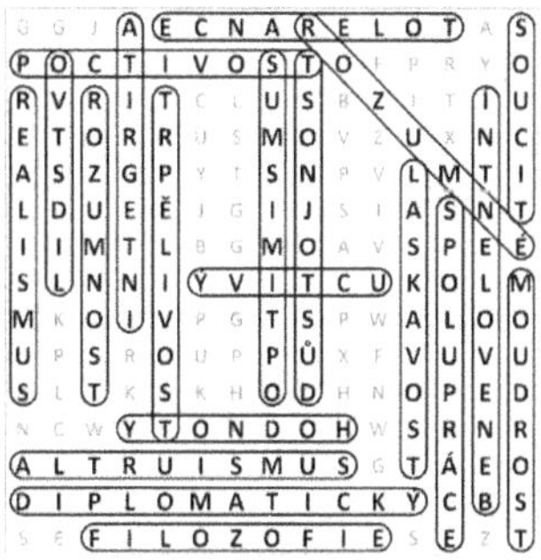

78 - Temps

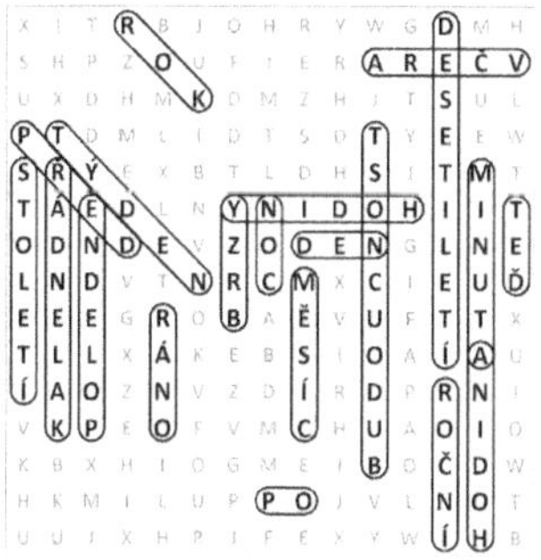

79 - Maison

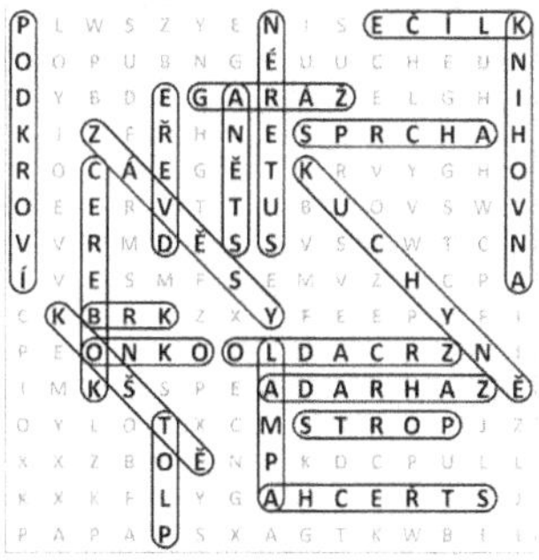

80 - Légumes

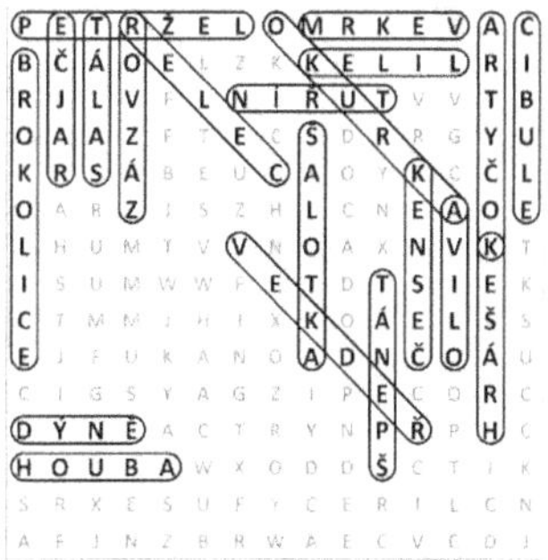

81 - Famille

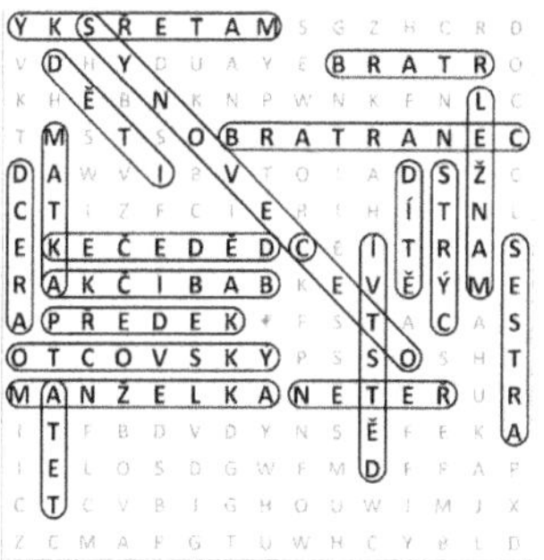

82 - Oiseaux

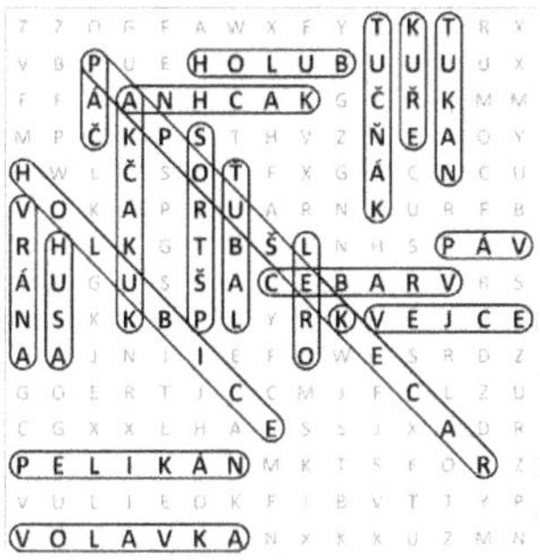

83 - Disciplines Scientifiques

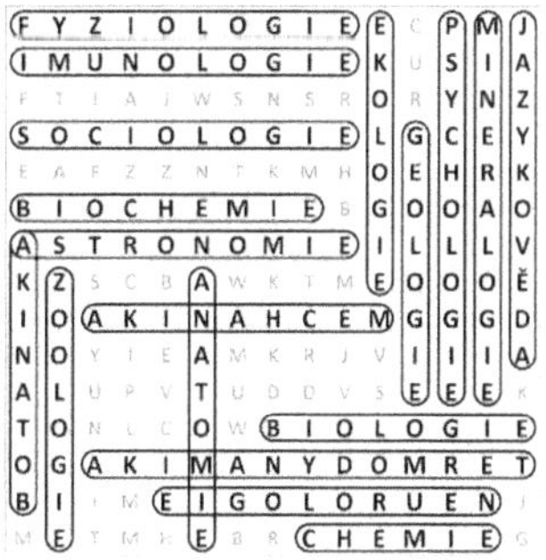

84 - Maladie

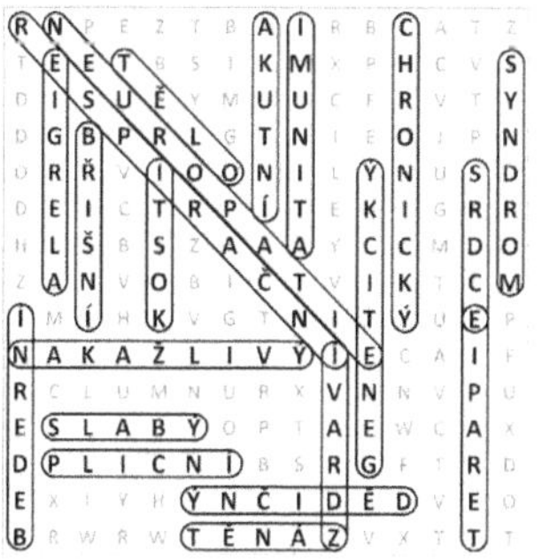

85 - Univers

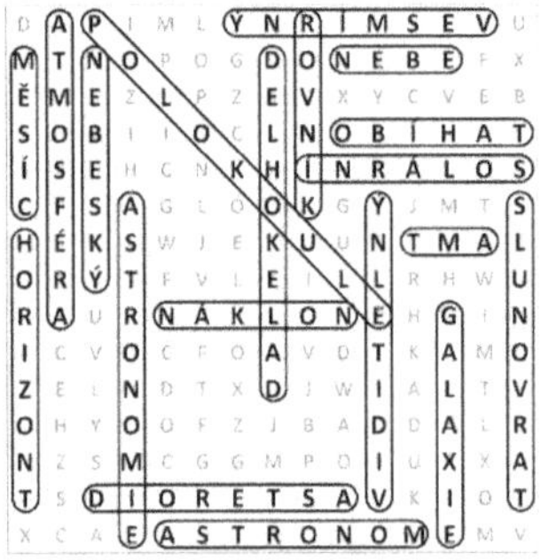

86 - Géographie

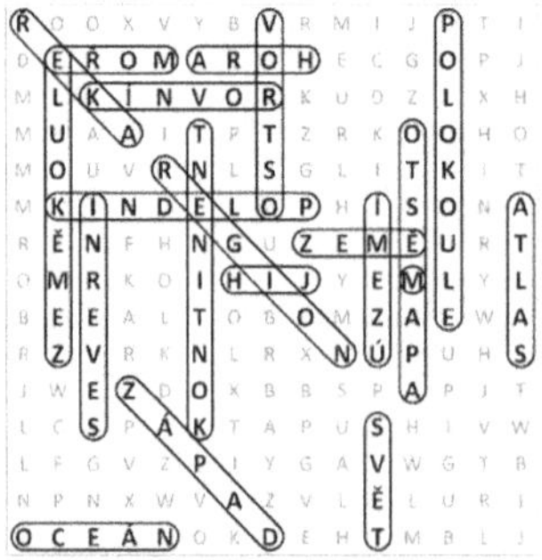

87 - Bâtiments

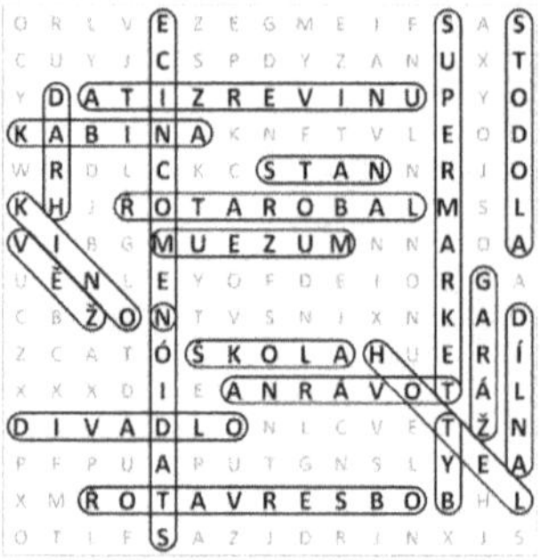

88 - Activités et Loisirs

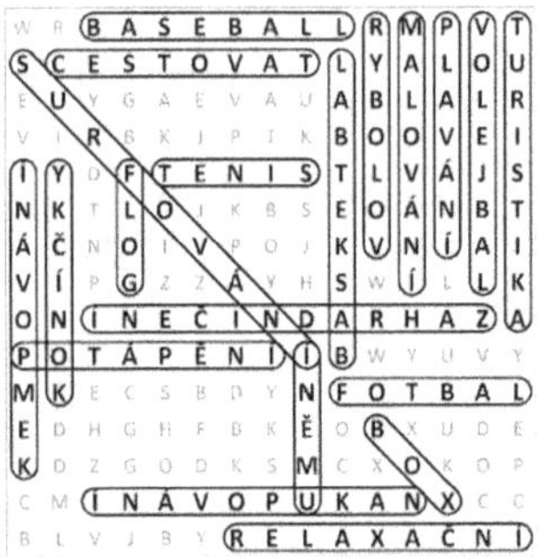

89 - Livres

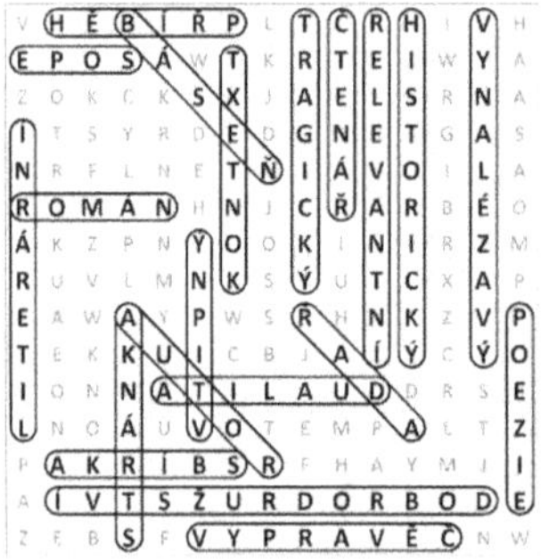

90 - Pays #2

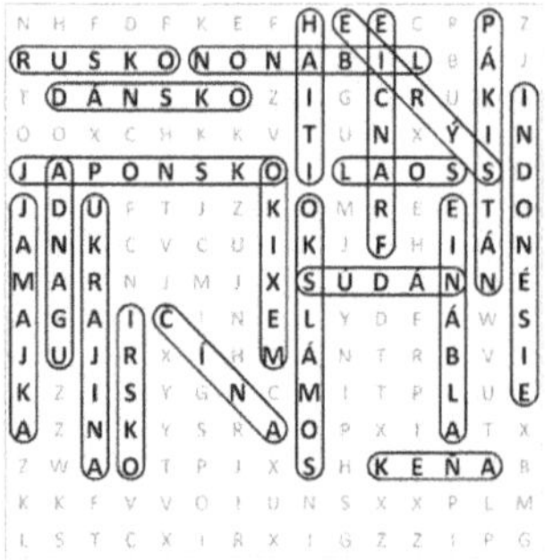

91 - Fournitures d'Art

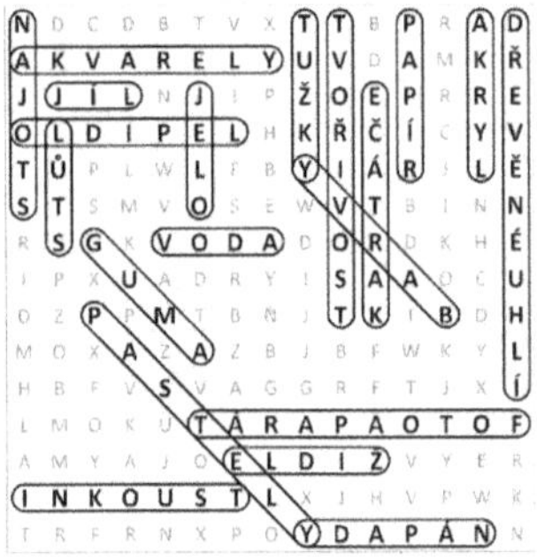

92 - Jazz

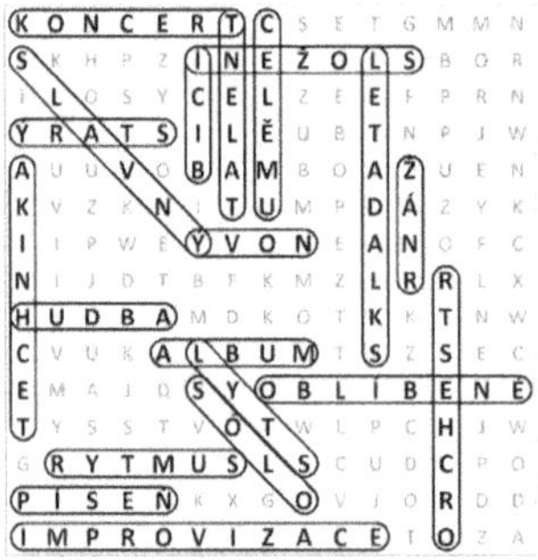

93 - Paysages

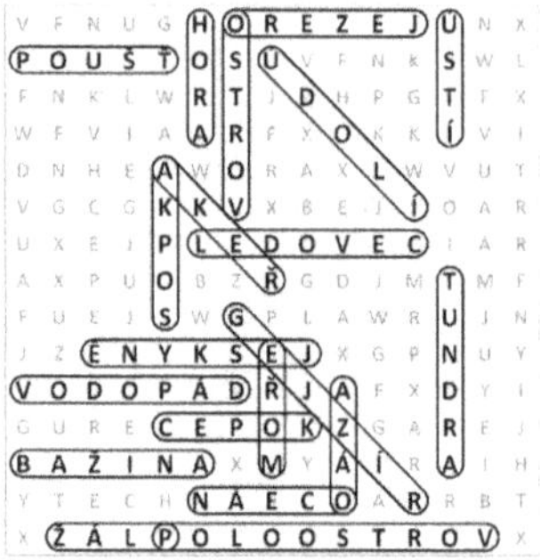

94 - Pays #1

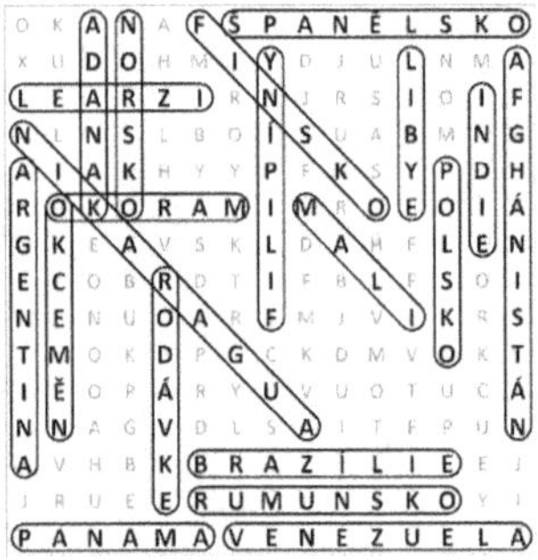

95 - Nombres

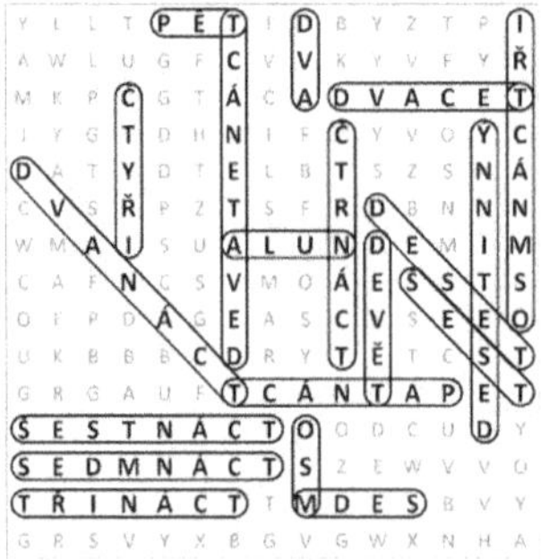

96 - Psychologie

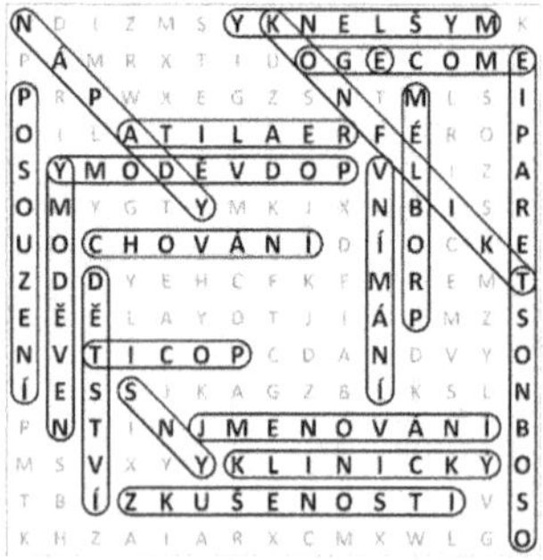

97 - Nature

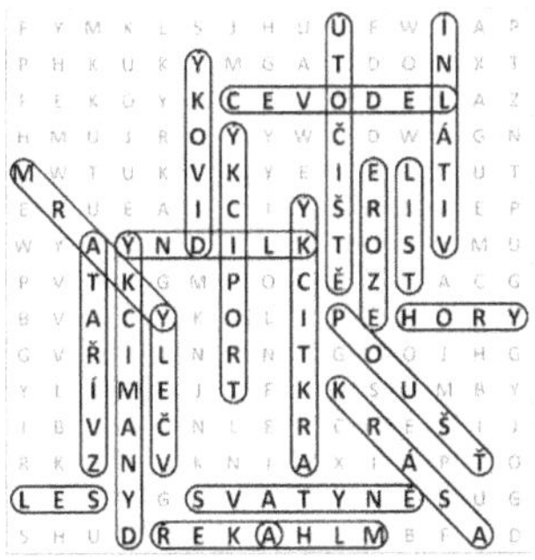

98 - Chimie

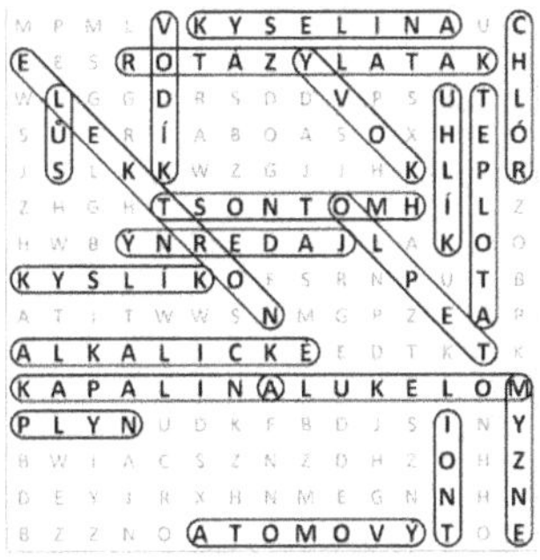

99 - Bateaux

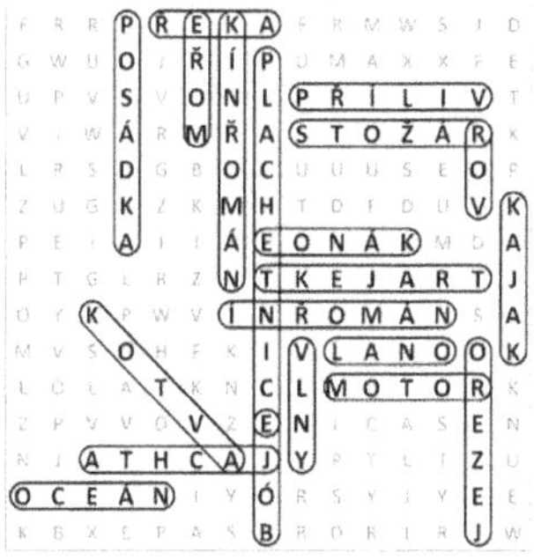

100 - Mesures

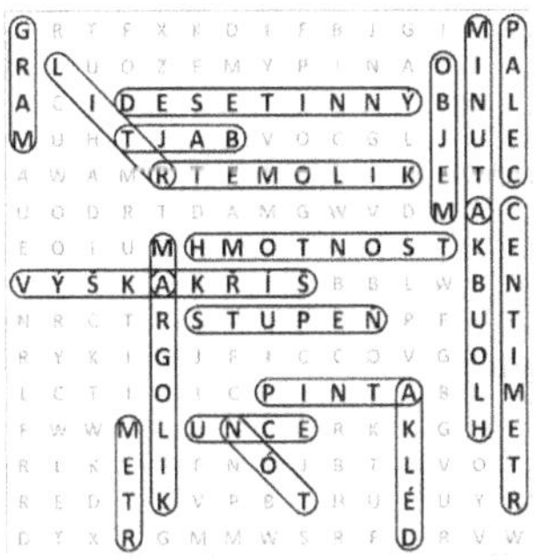

Dictionnaire

Activités
Aktivity

Activité	Aktivita
Art	Umění
Artisanat	Řemesla
Camping	Kempování
Céramique	Keramika
Chasse	Lov
Compétence	Dovednost
Couture	Šití
Intérêts	Zájmy
Jardinage	Zahradničení
Jeux	Hry
Lecture	Čtení
Loisir	Volný Čas
Magie	Magie
Peinture	Malování
Pêche	Rybolov
Photographie	Fotografování
Plaisir	Potěšení
Randonnée	Turistika
Relaxation	Relaxace

Activités et Loisirs
Aktivity a Volný Čas

Achats	Nakupování
Art	Umění
Base-Ball	Baseball
Basket-Ball	Basketbal
Boxe	Box
Camping	Kempování
Football	Fotbal
Golf	Golf
Jardinage	Zahradničení
Nager	Plavání
Passe-Temps	Koníčky
Peinture	Malování
Pêche	Rybolov
Plongée	Potápění
Randonnée	Turistika
Relaxant	Relaxační
Surf	Surfování
Tennis	Tenis
Volley-Ball	Volejbal
Voyage	Cestovat

Adjectifs #1
Přídavná Jména #1

Absolu	Absolutní
Actif	Aktivní
Ambitieux	Ambiciózní
Aromatique	Aromatický
Artistique	Umělecký
Attractif	Atraktivní
Beau	Krásná
Exotique	Exotický
Énorme	Obrovský
Généreux	Štědrý
Honnête	Upřímný
Identique	Totožný
Important	Důležitý
Innocent	Nevinný
Jeune	Mladý
Lent	Pomalý
Lourd	Těžký
Mince	Tenký
Moderne	Moderní
Parfait	Perfektní

Adjectifs #2
Přídavná Jména #2

Authentique	Autentický
Célèbre	Slavný
Créatif	Tvořivý
Descriptif	Popisný
Doué	Nadaný
Dramatique	Dramatický
Élégant	Elegantní
Fier	Hrdý
Fort	Silný
Intéressant	Zajímavý
Naturel	Přírodní
Nouveau	Nový
Productif	Výrobní
Pur	Čistý
Responsable	Odpovědný
Sain	Zdravý
Salé	Slaný
Sauvage	Divoký
Sec	Suchý
Somnolent	Ospalý

Agronomie
Agronomie

Agriculture	Zemědělství
Croissance	Růst
Eau	Voda
Engrais	Hnojivo
Écologie	Ekologie
Énergie	Energie
Érosion	Eroze
Étude	Studovat
Graines	Semena
Identification	Identifikace
Légumes	Zelenina
Maladies	Nemoci
Nourriture	Jídlo
Pollution	Znečištění
Production	Výroba
Recherche	Výzkum
Rural	Venkovský
Science	Věda
Sol	Půda
Systèmes	Systémy

Algèbre
Algebry

Diagramme	Diagram
Exposant	Exponent
Équation	Rovnice
Facteur	Faktor
Faux	Falešný
Formule	Vzorec
Fraction	Zlomek
Graphique	Graf
Infini	Nekonečný
Linéaire	Lineární
Matrice	Matice
Nombre	Číslo
Parenthèse	Závorka
Problème	Problém
Quantité	Množství
Simplifier	Zjednodušit
Solution	Řešení
Soustraction	Odčítání
Variable	Proměnná
Zéro	Nula

Antarctique

Antarktida

Baie	Záliv
Baleines	Velryby
Chercheur	Výzkumník
Conservation	Zachování
Continent	Kontinent
Eau	Voda
Expédition	Expedice
Géographie	Zeměpis
Glace	Led
Glaciers	Ledovce
Îles	Ostrovy
Migration	Migrace
Minéraux	Minerály
Nuage	Mraky
Oiseaux	Ptáci
Péninsule	Poloostrov
Rocheux	Skalnatý
Scientifique	Vědecký
Température	Teplota
Topographie	Topografie

Antiquités

Starožitnosti

Art	Umění
Authentique	Autentický
Bijoux	Šperky
Décoratif	Dekorativní
Enchères	Aukce
Élégant	Elegantní
Galerie	Galerie
Inhabituel	Neobvyklý
Investissement	Investice
Meubles	Nábytek
Peintures	Malby
Pièces	Mince
Prix	Cena
Qualité	Kvalita
Restauration	Obnovení
Sculpture	Socha
Siècle	Století
Style	Styl
Valeur	Hodnota
Vieux	Starý

Archéologie

Archeologie

Analyse	Analýza
Antiquité	Starověk
Chercheur	Výzkumník
Civilisation	Civilizace
Descendant	Potomek
Expert	Odborník
Ère	Éra
Équipe	Tým
Évaluation	Hodnocení
Fossile	Fosilie
Inconnu	Neznámý
Mystère	Záhada
Objets	Objekty
Os	Kosti
Oublié	Zapomenutý
Poterie	Hrnčířství
Professeur	Profesor
Relique	Relikvie
Temple	Chrám
Tombe	Hrobka

Art

Umění

Céramique	Keramický
Complexe	Komplex
Composition	Složení
Créer	Vytvořit
Dépeindre	Vylíčit
Expression	Výraz
Figure	Postava
Honnête	Upřímný
Humeur	Nálada
Inspiré	Inspirovaný
Original	Původní
Peintures	Malby
Personnel	Osobní
Poésie	Poezie
Sculpture	Socha
Simple	Jednoduchý
Sujet	Předmět
Surréalisme	Surrealismus
Symbole	Symbol
Visuel	Vizuální

Astronomie

Astronomie

Astéroïde	Asteroid
Astronaute	Astronaut
Astronome	Astronom
Ciel	Nebe
Constellation	Souhvězdí
Cosmos	Kosmos
Éclipse	Zatmění
Équinoxe	Rovnodennost
Fusée	Raketa
Galaxie	Galaxie
Lune	Měsíc
Météore	Meteor
Nébuleuse	Mlhovina
Observatoire	Observatoř
Planète	Planeta
Radiation	Záření
Solaire	Solární
Supernova	Supernova
Terre	Země
Univers	Vesmír

Aventure

Dobrodružství

Activité	Aktivita
Beauté	Krása
Bravoure	Statečnost
Chance	Šance
Dangereux	Nebezpečný
Destination	Destinace
Difficulté	Obtížnost
Enthousiasme	Nadšení
Excursion	Výlet
Inhabituel	Neobvyklý
Itinéraire	Itinerář
Joie	Radost
Nature	Příroda
Navigation	Navigace
Nouveau	Nový
Opportunité	Příležitost
Préparation	Příprava
Sécurité	Bezpečnost
Surprenant	Překvapivý
Voyages	Cestuje

Avions
Letadla

Air	Vzduch
Atmosphère	Atmosféra
Atterrissage	Přistání
Aventure	Dobrodružství
Ballon	Balón
Carburant	Palivo
Ciel	Nebe
Construction	Konstrukce
Descente	Sestup
Direction	Směr
Équipage	Posádka
Gonfler	Nafouknout
Hauteur	Výška
Hélices	Vrtule
Histoire	Historie
Hydrogène	Vodík
Moteur	Motor
Passager	Cestující
Pilote	Pilot
Turbulence	Turbulence

Ballet
Baletu

Applaudissement	Potlesk
Artistique	Umělecký
Ballerine	Balerína
Chorégraphie	Choreografie
Compétence	Dovednost
Compositeur	Skladatel
Danseurs	Tanečníci
Expressif	Expresivní
Geste	Gesto
Gracieux	Elegantní
Intensité	Intenzita
Muscles	Svaly
Musique	Hudba
Orchestre	Orchestr
Public	Publikum
Répétition	Zkouška
Rythme	Rytmus
Solo	Sólo
Style	Styl
Technique	Technika

Barbecues
Grilování

Chaud	Horký
Couteaux	Nože
Déjeuner	Oběd
Dîner	Večeře
Enfants	Děti
Été	Léto
Faim	Hlad
Famille	Rodina
Fruit	Ovoce
Gril	Gril
Jeux	Hry
Légumes	Zelenina
Musique	Hudba
Oignons	Cibule
Poivre	Pepř
Poulet	Kuře
Salades	Saláty
Sauce	Omáčka
Sel	Sůl
Tomates	Rajčata

Bateaux
Lodě

Ancre	Kotva
Bouée	Bóje
Canoë	Kánoe
Corde	Lano
Équipage	Posádka
Ferry	Trajekt
Fleuve	Řeka
Kayak	Kajak
Lac	Jezero
Marée	Příliv
Marin	Námořník
Mât	Stožár
Mer	Moře
Moteur	Motor
Nautique	Námořní
Océan	Oceán
Radeau	Vor
Vagues	Vlny
Voilier	Plachetnice
Yacht	Jachta

Bâtiments
Budovy

Appartement	Byt
Atelier	Dílna
Cabine	Kabina
Château	Hrad
Cinéma	Kino
École	Škola
Garage	Garáž
Grange	Stodola
Hôpital	Nemocnice
Hôtel	Hotel
Laboratoire	Laboratoř
Musée	Muzeum
Observatoire	Observatoř
Stade	Stadión
Supermarché	Supermarket
Tente	Stan
Théâtre	Divadlo
Tour	Věž
Université	Univerzita
Usine	Továrna

Beauté
Krása

Boucles	Kadeř
Charme	Kouzlo
Ciseaux	Nůžky
Cosmétique	Kosmetika
Couleur	Barva
Élégance	Elegance
Élégant	Elegantní
Grâce	Milost
Huiles	Oleje
Lisse	Hladký
Maquillage	Makeup
Mascara	Řasenka
Miroir	Zrcadlo
Parfum	Vůně
Peau	Kůže
Photogénique	Fotogenický
Rouge à Lèvres	Rtěnka
Services	Služby
Shampooing	Šampon
Styliste	Stylista

Biologie
Biologie

Anatomie	Anatomie
Bactéries	Bakterie
Cellule	Buňka
Chromosome	Chromozóm
Collagène	Kolagen
Embryon	Embryo
Enzyme	Enzym
Évolution	Vývoj
Hormone	Hormon
Mammifère	Savec
Mutation	Mutace
Naturel	Přírodní
Nerf	Nerv
Neurone	Neuron
Osmose	Osmóza
Photosynthèse	Fotosyntéza
Protéine	Bílkovina
Reptile	Plaz
Symbiose	Symbióza
Synapse	Synapse

Boxe
Boxování

Adversaire	Soupeř
Arbitre	Rozhodčí
Blessures	Zranění
Cloche	Zvonek
Coin	Roh
Combattant	Bojovník
Compétence	Dovednost
Concentrer	Ohnisko
Cordes	Lana
Corps	Tělo
Coude	Loket
Coup	Kop
Épuisé	Vyčerpaný
Force	Síla
Gants	Rukavice
Menton	Brada
Poing	Pěst
Points	Body
Rapide	Rychlý
Récupération	Zotavení

Café
Káva

Acide	Kyselý
Amer	Horký
Arôme	Vůně
Boire	Pít
Boisson	Nápoj
Caféine	Kofein
Crème	Krém
Eau	Voda
Filtre	Filtr
Lait	Mléko
Liquide	Kapalina
Matin	Ráno
Moudre	Brousit
Noir	Černá
Origine	Původ
Prix	Cena
Saveur	Příchuť
Sucre	Cukr
Tasse	Pohár
Variété	Odrůda

Camping
Kempování

Animaux	Zvířata
Aventure	Dobrodružství
Boussole	Kompas
Cabine	Kabina
Canoë	Kánoe
Carte	Mapa
Chapeau	Klobouk
Chasse	Lov
Corde	Lano
Équipement	Zařízení
Feu	Oheň
Forêt	Les
Hamac	Houpací Sít
Insecte	Hmyz
Lac	Jezero
Lanterne	Lucerna
Lune	Měsíc
Montagne	Hora
Nature	Příroda
Tente	Stan

Chimie
Chemie

Acide	Kyselina
Alcalin	Alkalické
Atomique	Atomový
Carbone	Uhlík
Catalyseur	Katalyzátor
Chaleur	Teplo
Chlore	Chlór
Enzyme	Enzym
Électron	Elektron
Gaz	Plyn
Hydrogène	Vodík
Ion	Iont
Liquide	Kapalina
Métaux	Kovy
Molécule	Molekula
Nucléaire	Jaderný
Oxygène	Kyslík
Poids	Hmotnost
Sel	Sůl
Température	Teplota

Chocolat
Čokoláda

Amer	Horký
Antioxydant	Antioxidant
Arôme	Vůně
Bonbon	Bonbón
Cacahuètes	Arašídy
Cacao	Kakao
Calories	Kalorie
Caramel	Karamel
Délicieux	Lahodné
Doux	Sladký
Exotique	Exotický
Favori	Oblíbený
Goût	Chuť
Ingrédient	Přísada
Noix de Coco	Kokos
Poudre	Prášek
Qualité	Kvalita
Recette	Recept
Saveur	Příchuť
Sucre	Cukr

Conduite
Řízení

Accident	Nehoda
Camion	Náklaďák
Carburant	Palivo
Carte	Mapa
Danger	Nebezpečí
Freins	Brzdy
Garage	Garáž
Gaz	Plyn
Licence	Licence
Moteur	Motor
Moto	Motocykl
Piéton	Pěší
Police	Policie
Route	Silnice
Sécurité	Bezpečnost
Trafic	Provoz
Transport	Doprava
Tunnel	Tunel
Vitesse	Rychlost
Voiture	Auto

Corps Humain
Lidské Tělo

Bouche	Ústa
Cerveau	Mozek
Cheville	Kotník
Cou	Krk
Coude	Loket
Cœur	Srdce
Doigt	Prst
Estomac	Žaludek
Épaule	Rameno
Genou	Koleno
Lèvres	Rty
Main	Ruka
Mâchoire	Čelist
Menton	Brada
Nez	Nos
Oreille	Ucho
Peau	Kůže
Sang	Krev
Tête	Hlava
Visage	Tvář

Créativité
Kreativita

Artistique	Umělecký
Authenticité	Pravost
Clarté	Jasnost
Compétence	Dovednost
Dramatique	Dramatický
Expression	Výraz
Émotions	Emoce
Fluidité	Tekutost
Idées	Nápady
Image	Obraz
Imagination	Představivost
Impression	Dojem
Inspiration	Inspirace
Intensité	Intenzita
Intuition	Intuice
Inventif	Vynalézavý
Sensation	Pocit
Spontané	Spontánní
Visions	Vize
Vitalité	Vitalita

Diplomatie
Diplomacie

Ambassadeur	Velvyslanec
Citoyens	Občané
Civique	Občanský
Communauté	Společenství
Conflit	Konflikt
Conseiller	Poradce
Coopération	Spolupráce
Diplomatique	Diplomatický
Discussion	Diskuse
Éthique	Etika
Étranger	Zahraniční
Gouvernement	Vláda
Humanitaire	Humanitární
Intégrité	Integrita
Justice	Spravedlnost
Politique	Politika
Résolution	Usnesení
Sécurité	Bezpečnostní
Solution	Řešení
Traité	Smlouva

Disciplines Scientifiques
Vědecké Disciplíny

Anatomie	Anatomie
Archéologie	Archeologie
Astronomie	Astronomie
Biochimie	Biochemie
Biologie	Biologie
Botanique	Botanika
Chimie	Chemie
Écologie	Ekologie
Géologie	Geologie
Immunologie	Imunologie
Linguistique	Jazykověda
Mécanique	Mechanika
Météorologie	Meteorologie
Minéralogie	Mineralogie
Neurologie	Neurologie
Physiologie	Fyziologie
Psychologie	Psychologie
Sociologie	Sociologie
Thermodynamique	Termodynamika
Zoologie	Zoologie

Entreprise
Podnikání

Argent	Peníze
Boutique	Obchod
Budget	Rozpočet
Bureau	Kancelář
Carrière	Kariéra
Coût	Náklady
Devise	Měna
Employeur	Zaměstnavatel
Employé	Zaměstnanec
Entreprise	Společnost
Économie	Ekonomie
Finance	Finance
Impôts	Daně
Investissement	Investice
Marchandise	Zboží
Profit	Zisk
Revenu	Příjem
Transaction	Transakce
Usine	Továrna
Vente	Prodej

Écologie
Ekologie

Bénévoles	Dobrovolníci
Climat	Klima
Communautés	Komunity
Diversité	Rozmanitost
Durable	Udržitelný
Espèce	Druh
Faune	Fauna
Flore	Flóra
Global	Globální
Marais	Močál
Marin	Mořský
Montagnes	Hory
Nature	Příroda
Naturel	Přírodní
Plantes	Rostliny
Ressources	Zdroje
Sécheresse	Sucho
Survie	Přežití
Variété	Odrůda
Végétation	Vegetace

Énergie
Energie

Batterie	Baterie
Carbone	Uhlík
Carburant	Palivo
Chaleur	Teplo
Diesel	Nafta
Entropie	Entropie
Essence	Benzín
Électrique	Elektrický
Électron	Elektron
Hydrogène	Vodík
Industrie	Průmysl
Moteur	Motor
Nucléaire	Jaderný
Photon	Foton
Pollution	Znečištění
Renouvelable	Obnovitelný
Soleil	Slunce
Turbine	Turbína
Vapeur	Pára
Vent	Vítr

Épices
Koření

Aigre	Kyselý
Ail	Česnek
Amer	Horký
Anis	Anýz
Cannelle	Skořice
Cardamome	Kardamon
Coriandre	Koriandr
Cumin	Kmín
Curry	Kari
Fenouil	Fenykl
Fenugrec	Pískavice
Gingembre	Zázvor
Oignon	Cibule
Paprika	Paprika
Poivre	Pepř
Réglisse	Lékořice
Safran	Šafrán
Saveur	Příchuť
Sel	Sůl
Vanille	Vanilka

Éthique
Etiky

Altruisme	Altruismus
Bienveillant	Benevolentní
Compassion	Soucit
Coopération	Spolupráce
Dignité	Důstojnost
Diplomatique	Diplomatický
Gentillesse	Laskavost
Honnêteté	Poctivost
Humanité	Lidstvo
Intégrité	Integrita
Optimisme	Optimismus
Patience	Trpělivost
Philosophie	Filozofie
Raisonnable	Rozumné
Rationalité	Rozumnost
Respectueux	Uctivý
Réalisme	Realismus
Sagesse	Moudrost
Tolérance	Tolerance
Valeurs	Hodnoty

Famille
Rodinná

Ancêtre	Předek
Cousin	Bratranec
Enfance	Dětství
Enfant	Dítě
Enfants	Děti
Femme	Manželka
Fille	Dcera
Frère	Bratr
Grand-Mère	Babička
Grand-Père	Dědeček
Mari	Manžel
Maternel	Mateřský
Mère	Matka
Neveu	Synovec
Nièce	Neteř
Oncle	Strýc
Paternel	Otcovský
Père	Otec
Soeur	Sestra
Tante	Teta

Ferme #1
Farma #1

Abeille	Včela
Agriculture	Zemědělství
Âne	Osel
Bison	Bizon
Champ	Pole
Chat	Kočka
Cheval	Kůň
Chèvre	Koza
Chien	Pes
Clôture	Plot
Corbeau	Vrána
Eau	Voda
Engrais	Hnojivo
Foin	Seno
Miel	Med
Poulet	Kuře
Riz	Rýže
Troupeau	Stádo
Vache	Kráva
Veau	Tele

Ferme #2
Farma #2

Agneau	Jehněčí
Agriculteur	Zemědělec
Animaux	Zvířata
Berger	Pastýř
Blé	Pšenice
Canard	Kachna
Fruit	Ovoce
Grange	Stodola
Irrigation	Zavlažování
Lait	Mléko
Lama	Lama
Légume	Zelenina
Maïs	Kukuřice
Mouton	Ovce
Nourriture	Jídlo
Orge	Ječmen
Pré	Louka
Ruche	Úl
Tracteur	Traktor
Verger	Sad

Fleurs
Květiny

Bouquet	Kytice
Gardénia	Gardénie
Hibiscus	Ibišek
Jasmin	Jasmín
Jonquille	Narcis
Lavande	Levandule
Lilas	Šeřík
Lys	Lilie
Magnolia	Magnólie
Marguerite	Sedmikráska
Orchidée	Orchidej
Passiflore	Mučenka
Pavot	Mák
Pissenlit	Pampeliška
Pivoine	Pivoňka
Plumeria	Plumeria
Rose	Růže
Tournesol	Slunečnice
Trèfle	Jetel
Tulipe	Tulipán

Force et Gravité
Síla a Gravitace

Axe	Osa
Centre	Centrum
Découverte	Objev
Distance	Vzdálenost
Dynamique	Dynamický
Expansion	Expanze
Friction	Tření
Impact	Dopad
Magnétisme	Magnetismus
Mécanique	Mechanika
Mouvement	Pohyb
Orbite	Obíhat
Physique	Fyzika
Planètes	Planety
Poids	Hmotnost
Pression	Tlak
Propriétés	Vlastnosti
Temps	Čas
Universel	Univerzální
Vitesse	Rychlost

Forêt Tropicale
Deštný Prales

Amphibiens	Obojživelníci
Botanique	Botanický
Climat	Klima
Communauté	Společenství
Diversité	Rozmanitost
Espèce	Druh
Indigène	Původní
Insectes	Hmyz
Jungle	Džungle
Mammifères	Savci
Mousse	Mech
Nature	Příroda
Nuage	Mraky
Oiseaux	Ptáci
Précieux	Cenný
Préservation	Zachování
Refuge	Útočiště
Respect	Úcta
Restauration	Obnovení
Survie	Přežití

Formes
Obrazec

Arc	Oblouk
Bords	Hrany
Carré	Náměstí
Cercle	Kruh
Coin	Roh
Courbe	Křivka
Cône	Kužel
Côté	Strana
Cube	Krychle
Cylindre	Válec
Ellipse	Elipsa
Hyperbole	Hyperbola
Ligne	Řádek
Ovale	Ovál
Polygone	Polygon
Prisme	Hranol
Pyramide	Pyramida
Rectangle	Obdélník
Sphère	Koule
Triangle	Trojúhelník

Fournitures d'Art
Výtvarné Potřeby

Acrylique	Akryl
Aquarelles	Akvarely
Argile	Jíl
Brosses	Kartáče
Caméra	Fotoaparát
Chaise	Židle
Charbon	Dřevěné Uhlí
Chevalet	Stojan
Colle	Lepidlo
Couleurs	Barvy
Crayons	Tužky
Créativité	Tvořivost
Eau	Voda
Encre	Inkoust
Gomme	Guma
Huile	Olej
Idées	Nápady
Papier	Papír
Pastels	Pastely
Table	Stůl

Fruit

Ovoce

Abricot	Meruňka
Ananas	Ananas
Avocat	Avokádo
Baie	Bobule
Banane	Banán
Cerise	Třešeň
Citron	Citron
Figue	Obr
Framboise	Malina
Goyave	Guava
Kiwi	Kiwi
Mangue	Mango
Melon	Meloun
Nectarine	Nektarinka
Orange	Oranžový
Papaye	Papája
Pêche	Broskev
Poire	Hruška
Pomme	Jablko
Raisin	Hrozen

Géographie

Kategorie: Geografie

Atlas	Atlas
Carte	Mapa
Continent	Kontinent
Équateur	Rovník
Fleuve	Řeka
Globe	Zeměkoule
Hémisphère	Polokoule
Île	Ostrov
Mer	Moře
Méridien	Poledník
Monde	Svět
Montagne	Hora
Nord	Severní
Océan	Oceán
Ouest	Západ
Pays	Země
Région	Region
Sud	Jih
Territoire	Území
Ville	Město

Géologie

Geologie

Acide	Kyselina
Calcium	Vápník
Caverne	Jeskyně
Continent	Kontinent
Corail	Korál
Couche	Vrstva
Cristaux	Krystaly
Érosion	Eroze
Fondu	Roztavený
Fossile	Fosilie
Geyser	Gejzír
Lave	Láva
Minéraux	Minerály
Pierre	Kámen
Plateau	Plošina
Quartz	Křemen
Sel	Sůl
Stalactite	Stalaktit
Volcan	Sopka
Zone	Zóna

Géométrie

Geometrie

Angle	Úhel
Calcul	Výpočet
Cercle	Kruh
Courbe	Křivka
Diamètre	Průměr
Dimension	Dimenze
Équation	Rovnice
Hauteur	Výška
Logique	Logika
Masse	Hmotnost
Médian	Medián
Nombre	Číslo
Parallèle	Rovnoběžný
Proportion	Poměr
Segment	Segment
Surface	Povrch
Symétrie	Symetrie
Théorie	Teorie
Triangle	Trojúhelník
Vertical	Vertikální

Gouvernement

Vláda

Citoyenneté	Občanství
Civil	Civilní
Constitution	Ústava
Démocratie	Demokracie
Discours	Projev
Discussion	Diskuse
Droits	Práva
Égalité	Rovnost
État	Stát
Indépendance	Nezávislost
Judiciaire	Soudní
Justice	Spravedlnost
Liberté	Svoboda
Loi	Zákon
Monument	Pomník
Nation	Národ
National	Národní
Paisible	Klidný
Politique	Politika
Symbole	Symbol

Herboristerie

Bylinkářství

Ail	Česnek
Aromatique	Aromatický
Basilic	Bazalka
Bénéfique	Příznivý
Culinaire	Kulinářské
Estragon	Estragon
Fenouil	Fenykl
Fleur	Květina
Ingrédient	Přísada
Jardin	Zahrada
Lavande	Levandule
Marjolaine	Majoránka
Menthe	Máta
Persil	Petržel
Qualité	Kvalita
Romarin	Rozmarýn
Safran	Šafrán
Saveur	Příchuť
Thym	Tymián
Vert	Zelená

Ingénierie
Inženýrství

Angle	Úhel
Axe	Osa
Calcul	Výpočet
Construction	Konstrukce
Diagramme	Diagram
Diamètre	Průměr
Diesel	Nafta
Distribution	Distribuce
Énergie	Energie
Force	Síla
Leviers	Páky
Liquide	Kapalina
Machine	Stroj
Mesure	Měření
Moteur	Motor
Profondeur	Hloubka
Propulsion	Pohon
Rotation	Rotace
Stabilité	Stabilita
Structure	Struktura

Instruments de Musique
Hudební Nástroje

Banjo	Bendžo
Basson	Fagot
Clarinette	Klarinet
Flûte	Flétna
Gong	Gong
Guitare	Kytara
Harmonica	Harmonika
Harpe	Harfa
Hautbois	Hoboj
Mandoline	Mandolína
Marimba	Marimba
Percussion	Poklep
Piano	Klavír
Saxophone	Saxofon
Tambour	Buben
Tambourin	Tamburína
Trombone	Pozoun
Trompette	Trubka
Violon	Housle
Violoncelle	Violoncello

Jardin
Zahrada

Arbre	Strom
Banc	Lavice
Buisson	Keř
Clôture	Plot
Étang	Rybník
Fleur	Květina
Garage	Garáž
Hamac	Houpací Sít
Herbe	Tráva
Jardin	Zahrada
Mauvaises Herbes	Plevel
Pelle	Lopata
Pelouse	Trávník
Râteau	Hrábě
Sol	Půda
Terrasse	Terasa
Trampoline	Trampolína
Tuyau	Hadice
Verger	Sad
Vigne	Víno

Jazz
Jazz

Album	Album
Artiste	Umělec
Célèbre	Slavný
Chanson	Píseň
Compositeur	Skladatel
Composition	Složení
Concert	Koncert
Favoris	Oblíbené
Genre	Žánr
Improvisation	Improvizace
Musique	Hudba
Nouveau	Nový
Orchestre	Orchestr
Rythme	Rytmus
Solo	Sólo
Style	Styl
Talent	Talent
Tambours	Bicí
Technique	Technika
Vieux	Starý

Jours et Mois
Dny a Měsíce

Août	Srpen
Avril	Duben
Calendrier	Kalendář
Dimanche	Neděle
Février	Únor
Janvier	Leden
Jeudi	Čtvrtek
Juillet	Červenec
Juin	Červen
Lundi	Pondělí
Mardi	Úterý
Mars	Březen
Mercredi	Středa
Mois	Měsíc
Novembre	Listopad
Octobre	Říjen
Samedi	Sobota
Semaine	Týden
Septembre	Září
Vendredi	Pátek

L'Entreprise
Společnost

Affaires	Podnikání
Créatif	Tvořivý
Décision	Rozhodnutí
Emploi	Zaměstnání
Global	Globální
Industrie	Průmysl
Innovant	Inovační
Investissement	Investice
Possibilité	Možnost
Présentation	Prezentace
Produit	Produkt
Professionnel	Profesionální
Progrès	Pokrok
Qualité	Kvalita
Ressources	Zdroje
Revenu	Výnos
Réputation	Pověst
Risques	Rizika
Tendances	Trendy
Unités	Jednotky

Les Abeilles
Včely

Ailes	Křídla
Bénéfique	Příznivý
Cire	Vosk
Diversité	Rozmanitost
Essaim	Roj
Écosystème	Ekosystém
Fleur	Květ
Fleurs	Květiny
Fruit	Ovoce
Fumée	Kouř
Insecte	Hmyz
Jardin	Zahrada
Miel	Med
Nourriture	Jídlo
Plantes	Rostliny
Pollen	Pyl
Pollinisateur	Opylovač
Reine	Královna
Ruche	Úl
Soleil	Slunce

Les Médias
Médium

Attitudes	Postoje
Commercial	Komerční
Communication	Komunikace
En Ligne	Online
Édition	Edice
Éducation	Vzdělávání
Faits	Fakta
Financement	Financování
Individuel	Jedinec
Industrie	Průmysl
Intellectuel	Intelektuální
Journaux	Noviny
Local	Místní
Numérique	Digitální
Opinion	Názor
Photos	Fotky
Public	Veřejný
Radio	Rádio
Réseau	Síť
Télévision	Televize

Légumes
Zelenina

Ail	Česnek
Artichaut	Artyčok
Aubergine	Lilek
Brocoli	Brokolice
Carotte	Mrkev
Céleri	Celer
Champignon	Houba
Citrouille	Dýně
Concombre	Okurka
Échalote	Šalotka
Épinard	Špenát
Gingembre	Zázvor
Navet	Tuřín
Oignon	Cibule
Olive	Oliva
Persil	Petržel
Pois	Hrášek
Radis	Ředkev
Salade	Salát
Tomate	Rajče

Littérature
Literatura

Analogie	Analogie
Analyse	Analýza
Anecdote	Anekdota
Auteur	Autor
Biographie	Životopis
Comparaison	Srovnání
Conclusion	Závěr
Description	Popis
Dialogue	Dialog
Fiction	Beletrie
Métaphore	Metafora
Narrateur	Vypravěč
Poème	Báseň
Poétique	Poetický
Rime	Rým
Roman	Román
Rythme	Rytmus
Style	Styl
Thème	Téma
Tragédie	Tragédie

Livres
Knihy

Auteur	Autor
Aventure	Dobrodružství
Collection	Sbírka
Contexte	Kontext
Dualité	Dualita
Épique	Epos
Histoire	Příběh
Historique	Historický
Humoristique	Vtipný
Inventif	Vynalézavý
Lecteur	Čtenář
Littéraire	Literární
Narrateur	Vypravěč
Page	Stránka
Pertinent	Relevantní
Poème	Báseň
Poésie	Poezie
Roman	Román
Série	Řada
Tragique	Tragický

Maison
Dům

Balai	Koště
Bibliothèque	Knihovna
Cheminée	Krb
Clés	Klíče
Clôture	Plot
Cuisine	Kuchyně
Douche	Sprcha
Fenêtre	Okno
Garage	Garáž
Grenier	Podkroví
Jardin	Zahrada
Lampe	Lampa
Miroir	Zrcadlo
Mur	Stěna
Plafond	Strop
Porte	Dveře
Rideaux	Závěsy
Sous-Sol	Suterén
Tapis	Koberec
Toit	Střecha

Maladie
Choroba

Abdominal	Břišní
Aigu	Akutní
Allergies	Alergie
Chronique	Chronický
Contagieux	Nakažlivý
Corps	Tělo
Cœur	Srdce
Faible	Slabý
Génétique	Genetický
Héréditaire	Dědičný
Immunité	Imunita
Inflammation	Zánět
Lombaire	Bederní
Neuropathie	Neuropatie
Os	Kosti
Pulmonaire	Plicní
Respiratoire	Respirační
Santé	Zdraví
Syndrome	Syndrom
Thérapie	Terapie

Mammifères
Savci

Baleine	Velryba
Chat	Kočka
Cheval	Kůň
Chien	Pes
Coyote	Kojot
Dauphin	Delfín
Éléphant	Slon
Girafe	Žirafa
Gorille	Gorila
Kangourou	Klokan
Lapin	Králík
Lion	Lev
Loup	Vlk
Mouton	Ovce
Ours	Medvěd
Renard	Liška
Singe	Opice
Taureau	Býk
Tigre	Tygr
Zèbre	Zebra

Mathématiques
Matematika

Angles	Úhly
Arithmétique	Aritmetický
Carré	Náměstí
Circonférence	Obvod
Décimal	Desetinný
Diamètre	Průměr
Exposant	Exponent
Équation	Rovnice
Fraction	Zlomek
Géométrie	Geometrie
Parallèle	Rovnoběžný
Parallélogramme	Rovnoběžník
Perpendiculaire	Kolmý
Polygone	Polygon
Rayon	Poloměr
Rectangle	Obdélník
Somme	Součet
Symétrie	Symetrie
Triangle	Trojúhelník
Volume	Objem

Mesures
Měření

Centimètre	Centimetr
Degré	Stupeň
Décimal	Desetinný
Gramme	Gram
Hauteur	Výška
Kilogramme	Kilogram
Kilomètre	Kilometr
Largeur	Šířka
Litre	Litr
Longueur	Délka
Mètre	Metr
Minute	Minuta
Octet	Bajt
Once	Unce
Pinte	Pinta
Poids	Hmotnost
Pouce	Palec
Profondeur	Hloubka
Tonne	Tón
Volume	Objem

Méditation
Rozjímání

Acceptation	Přijetí
Attention	Pozornost
Calme	Uklidnit
Clarté	Jasnost
Compassion	Soucit
Esprit	Mysl
Émotions	Emoce
Éveillé	Probudit
Gentillesse	Laskavost
Gratitude	Vděčnost
Habitudes	Zvyky
Mental	Duševní
Mouvement	Hnutí
Musique	Hudba
Nature	Příroda
Observation	Pozorování
Paix	Mír
Perspective	Perspektiva
Respiration	Dýchání
Silence	Umlčet

Mode
Módní

Boutique	Butik
Boutons	Tlačítka
Broderie	Výšivka
Cher	Drahý
Confortable	Pohodlný
Dentelle	Krajka
Élégant	Elegantní
Mesures	Měření
Moderne	Moderní
Modeste	Skromný
Modèle	Vzor
Original	Původní
Pratique	Praktický
Simple	Jednoduchý
Sophistiqué	Sofistikovaný
Style	Styl
Tendance	Trend
Texture	Textura
Tissu	Tkanina
Vêtements	Oblečení

Musique
Hudba

Album	Album
Ballade	Balada
Chanter	Zpívat
Chanteur	Zpěvák
Classique	Klasický
Enregistrement	Nahrávka
Harmonie	Harmonie
Harmonique	Harmonický
Instrument	Nástroj
Lyrique	Lyrický
Mélodie	Melodie
Microphone	Mikrofon
Musical	Hudební
Musicien	Hudebník
Opéra	Opera
Poétique	Poetický
Rythme	Rytmus
Rythmique	Rytmický
Tempo	Tempo
Vocal	Hlasový

Mythologie
Mytologie

Archétype	Archetyp
Catastrophe	Katastrofa
Comportement	Chování
Création	Vytvoření
Créature	Stvoření
Croyances	Přesvědčení
Culture	Kultura
Éclair	Blesk
Force	Síla
Guerrier	Bojovník
Héros	Hrdina
Immortalité	Nesmrtelnost
Jalousie	Žárlivost
Labyrinthe	Labyrint
Légende	Legenda
Magique	Magický
Monstre	Příšera
Mortel	Smrtelný
Tonnerre	Hrom
Vengeance	Pomsta

Nature
Příroda

Abeilles	Včely
Abri	Útočiště
Animaux	Zvířata
Arctique	Arktický
Beauté	Krása
Brouillard	Mlha
Désert	Poušť
Dynamique	Dynamický
Érosion	Eroze
Feuillage	List
Fleuve	Řeka
Forêt	Les
Glacier	Ledovec
Montagnes	Hory
Nuage	Mraky
Sanctuaire	Svatyně
Sauvage	Divoký
Serein	Klidný
Tropical	Tropický
Vital	Vitální

Nombres
Čísla

Cinq	Pět
Deux	Dva
Décimal	Desetinný
Dix	Deset
Dix-Huit	Osmnáct
Dix-Neuf	Devatenáct
Dix-Sept	Sedmnáct
Douze	Dvanáct
Huit	Osm
Neuf	Devět
Quatorze	Čtrnáct
Quatre	Čtyři
Quinze	Patnáct
Seize	Šestnáct
Sept	Sedm
Six	Šest
Treize	Třináct
Trois	Tři
Vingt	Dvacet
Zéro	Nula

Nourriture #1
Potraviny #1

Ail	Česnek
Basilic	Bazalka
Café	Káva
Cannelle	Skořice
Carotte	Mrkev
Citron	Citron
Épinard	Špenát
Fraise	Jahoda
Jus	Šťáva
Lait	Mléko
Navet	Tuřín
Oignon	Cibule
Orge	Ječmen
Poire	Hruška
Salade	Salát
Sel	Sůl
Soupe	Polévka
Sucre	Cukr
Thon	Tuňák
Viande	Maso

Nourriture #2
Potraviny #2

Amande	Mandle
Aubergine	Lilek
Banane	Banán
Blé	Pšenice
Brocoli	Brokolice
Cerise	Třešeň
Céleri	Celer
Champignon	Houba
Chocolat	Čokoláda
Jambon	Šunka
Kiwi	Kiwi
Mangue	Mango
Oeuf	Vejce
Pain	Chléb
Poisson	Ryba
Pomme	Jablko
Poulet	Kuře
Raisin	Hrozen
Riz	Rýže
Tomate	Rajče

Nutrition
Výživa

Amer	Horký
Appétit	Chuť
Calories	Kalorie
Comestible	Jedlý
Diète	Strava
Digestion	Trávení
Épices	Koření
Équilibré	Vyvážený
Fermentation	Kvašení
Glucides	Sacharid
Liquides	Kapaliny
Poids	Hmotnost
Protéines	Proteiny
Qualité	Kvalita
Sain	Zdravý
Santé	Zdraví
Sauce	Omáčka
Saveur	Příchuť
Toxine	Toxin
Vitamine	Vitamín

Océan
Oceán

Anguille	Úhoř
Baleine	Velryba
Bateau	Loď
Corail	Korál
Crabe	Krab
Crevette	Kreveta
Dauphin	Delfín
Éponge	Houba
Huître	Ústřice
Marées	Přílivy
Méduse	Medúza
Poisson	Ryba
Poulpe	Chobotnice
Requin	Žralok
Récif	Útes
Sel	Sůl
Tempête	Bouře
Thon	Tuňák
Tortue	Želva
Vagues	Vlny

Oiseaux
Ptactvo

Aigle	Orel
Autruche	Pštros
Canard	Kachna
Cigogne	Čáp
Colombe	Holubice
Corbeau	Vrána
Coucou	Kukačka
Cygne	Labuť
Héron	Volavka
Manchot	Tučňák
Moineau	Vrabec
Mouette	Racek
Oeuf	Vejce
Oie	Husa
Paon	Páv
Perroquet	Papoušek
Pélican	Pelikán
Pigeon	Holub
Poulet	Kuře
Toucan	Tukan

Pays #1
Země #1

Afghanistan	Afghánistán
Allemagne	Německo
Argentine	Argentina
Brésil	Brazílie
Canada	Kanada
Espagne	Španělsko
Équateur	Ekvádor
Finlande	Finsko
Inde	Indie
Israël	Izrael
Libye	Libye
Mali	Mali
Maroc	Maroko
Nicaragua	Nikaragua
Norvège	Norsko
Panama	Panama
Philippines	Filipíny
Pologne	Polsko
Roumanie	Rumunsko
Venezuela	Venezuela

Pays #2
Země #2

Albanie	Albánie
Chine	Čína
Danemark	Dánsko
France	Francie
Haïti	Haiti
Indonésie	Indonésie
Irlande	Irsko
Jamaïque	Jamajka
Japon	Japonsko
Kenya	Keňa
Laos	Laos
Liban	Libanon
Mexique	Mexiko
Ouganda	Uganda
Pakistan	Pákistán
Russie	Rusko
Somalie	Somálsko
Soudan	Súdán
Syrie	Sýrie
Ukraine	Ukrajina

Paysages
Krajiny

Cascade	Vodopád
Colline	Kopec
Désert	Poušť
Estuaire	Ústí
Fleuve	Řeka
Geyser	Gejzír
Grotte	Jeskyně
Iceberg	Ledovec
Île	Ostrov
Lac	Jezero
Marais	Bažina
Mer	Moře
Montagne	Hora
Oasis	Oáza
Océan	Oceán
Péninsule	Poloostrov
Plage	Pláž
Toundra	Tundra
Vallée	Údolí
Volcan	Sopka

Philanthropie
Filantropie

Besoin	Potřeba
Buts	Cíle
Charité	Charita
Communauté	Společenství
Contacts	Kontakty
Défis	Výzvy
Enfants	Děti
Finance	Finance
Fonds	Fondy
Gens	Lidé
Générosité	Štědrost
Global	Globální
Groupes	Skupiny
Histoire	Historie
Honnêteté	Poctivost
Humanité	Lidstvo
Jeunesse	Mládí
Mission	Mise
Programmes	Programy
Public	Veřejný

Photographie
Fotografování

Adoucir	Změkčit
Cadre	Rám
Caméra	Fotoaparát
Composition	Složení
Contraste	Kontrast
Couleur	Barva
Définition	Definice
Exposition	Výstava
Éclairage	Osvětlení
Format	Formát
Noir	Černá
Objet	Objekt
Obscurité	Tma
Ombre	Stíny
Perspective	Perspektiva
Portrait	Portrét
Sujet	Předmět
Texture	Textura
Visuel	Vizuální
Vue	Pohled

Physique
Fyzika

Accélération	Zrychlení
Atome	Atom
Chaos	Chaos
Chimique	Chemický
Densité	Hustota
Électron	Elektron
Formule	Vzorec
Fréquence	Frekvence
Gaz	Plyn
Gravité	Gravitace
Magnétisme	Magnetismus
Masse	Hmotnost
Mécanique	Mechanika
Molécule	Molekula
Moteur	Motor
Nucléaire	Jaderný
Particule	Částice
Relativité	Relativita
Universel	Univerzální
Vitesse	Rychlost

Plantes
Rostliny

Arbre	Strom
Baie	Bobule
Bambou	Bambus
Botanique	Botanika
Buisson	Keř
Cactus	Kaktus
Engrais	Hnojivo
Feuillage	List
Fleur	Květina
Flore	Flóra
Forêt	Les
Grandir	Růst
Haricot	Fazole
Herbe	Tráva
Jardin	Zahrada
Lierre	Břečťan
Mousse	Mech
Racine	Kořen
Tige	Stonek
Végétation	Vegetace

Professions #1
Profese #1

Ambassadeur	Velvyslanec
Astronome	Astronom
Avocat	Advokát
Banquier	Bankéř
Bijoutier	Klenotník
Cartographe	Kartograf
Chasseur	Lovec
Danseur	Tanečník
Entraîneur	Trenér
Éditeur	Editor
Géologue	Geolog
Infirmière	Sestra
Médecin	Lékař
Musicien	Hudebník
Pianiste	Pianista
Plombier	Instalatér
Pompier	Hasič
Psychologue	Psycholog
Scientifique	Vědec
Vétérinaire	Veterinář

Professions #2
Profese #2

Astronaute	Astronaut
Bibliothécaire	Knihovník
Biologiste	Biolog
Chercheur	Výzkumník
Chirurgien	Chirurg
Dentiste	Zubař
Détective	Detektiv
Enseignant	Učitel
Illustrateur	Ilustrátor
Ingénieur	Inženýr
Inventeur	Vynálezce
Jardinier	Zahradník
Journaliste	Novinář
Linguiste	Lingvista
Médecin	Lékař
Peintre	Malíř
Philosophe	Filozof
Photographe	Fotograf
Pilote	Pilot
Zoologiste	Zoolog

Psychologie
Psychologie

Clinique	Klinický
Comportement	Chování
Conflit	Konflikt
Ego	Ego
Enfance	Dětství
Expériences	Zkušenosti
Émotions	Emoce
Évaluation	Posouzení
Idées	Nápady
Inconscient	Nevědomý
Pensées	Myšlenky
Perception	Vnímání
Personnalité	Osobnost
Problème	Problém
Rendez-Vous	Jmenování
Réalité	Realita
Rêves	Sny
Sensation	Pocit
Subconscient	Podvědomý
Thérapie	Terapie

Randonnée
Pěší Turistika

Animaux	Zvířata
Bottes	Boty
Camping	Kempování
Carte	Mapa
Climat	Klima
Eau	Voda
Falaise	Útes
Fatigué	Unavený
Guides	Průvodce
Lourd	Těžký
Météo	Počasí
Montagne	Hora
Nature	Příroda
Orientation	Orientace
Parcs	Parky
Pierres	Kameny
Préparation	Příprava
Sauvage	Divoký
Soleil	Slunce
Sommet	Summit

Remplir
K Vyplnění

Baril	Barel
Bassin	Povodí
Boîte	Krabice
Bouteille	Láhev
Caisse	Bedna
Carton	Karton
Dossier	Složka
Enveloppe	Obálka
Navire	Plavidlo
Panier	Košík
Paquet	Balíček
Plateau	Zásobník
Poche	Kapsa
Pot	Sklenice
Sac	Taška
Seau	Kbelík
Tiroir	Šuplík
Tube	Trubka
Valise	Kufr
Vase	Váza

Restaurant #2
Restaurace #2

Boisson	Nápoj
Chaise	Židle
Cuillère	Lžíce
Déjeuner	Oběd
Délicieux	Lahodné
Dîner	Večeře
Eau	Voda
Épices	Koření
Fourchette	Vidlička
Fruit	Ovoce
Gâteau	Dort
Glace	Led
Légumes	Zelenina
Nouilles	Nudle
Oeuf	Vejce
Poisson	Ryba
Salade	Salát
Sel	Sůl
Serveur	Číšník
Soupe	Polévka

Réchauffement Climatique
Globální Oteplování

Arctique	Arktický
Attention	Pozornost
Climat	Klima
Conséquences	Důsledky
Crise	Krize
Développement	Rozvoj
Données	Data
Énergie	Energie
Futur	Budoucnost
Gaz	Plyn
Générations	Generace
Gouvernement	Vláda
Habitats	Stanoviště
Industrie	Průmysl
International	Mezinárodní
Législation	Legislativa
Maintenant	Teď
Populations	Populace
Scientifique	Vědec
Températures	Teploty

Santé et Bien-Être #1
Zdraví a Wellness #1

Actif	Aktivní
Bactéries	Bakterie
Blessure	Zranění
Clinique	Klinika
Faim	Hlad
Fracture	Zlomenina
Habitude	Zvyk
Hauteur	Výška
Hormone	Hormony
Médecin	Lékař
Médicament	Lék
Muscles	Svaly
Os	Kosti
Peau	Kůže
Pharmacie	Lékárna
Relaxation	Relaxace
Réflexe	Reflex
Thérapie	Terapie
Traitement	Léčba
Virus	Virus

Santé et Bien-Être #2
Zdraví a Wellness #2

Allergie	Alergie
Anatomie	Anatomie
Appétit	Chuť
Calorie	Kalorie
Corps	Tělo
Déshydratation	Dehydratace
Énergie	Energie
Génétique	Genetika
Hôpital	Nemocnice
Hygiène	Hygiena
Infection	Infekce
Maladie	Nemoc
Massage	Masáž
Nutrition	Výživa
Poids	Hmotnost
Récupération	Zotavení
Sain	Zdravý
Sang	Krev
Stress	Stres
Vitamine	Vitamín

Science
Věda

Atome	Atom
Chimique	Chemický
Climat	Klima
Données	Data
Expérience	Experiment
Évolution	Vývoj
Fait	Skutečnost
Fossile	Fosilie
Gravité	Gravitace
Hypothèse	Hypotéza
Laboratoire	Laboratoř
Méthode	Metoda
Minéraux	Minerály
Molécules	Molekuly
Nature	Příroda
Observation	Pozorování
Organisme	Organismus
Particules	Částice
Physique	Fyzika
Scientifique	Vědec

Science-Fiction
Science Fiction

Atomique	Atomový
Cinéma	Kino
Explosion	Výbuch
Extrême	Extrémní
Fantastique	Fantastický
Feu	Oheň
Futuriste	Futuristický
Galaxie	Galaxie
Illusion	Iluze
Imaginaire	Imaginární
Livres	Knihy
Monde	Svět
Mystérieux	Tajemný
Oracle	Věštec
Planète	Planeta
Réaliste	Realistický
Robots	Roboty
Scénario	Scénář
Technologie	Technologie
Utopie	Utopie

Temps
Čas

Année	Rok
Annuel	Roční
Après	Po
Avant	Před
Bientôt	Brzy
Calendrier	Kalendář
Décennie	Desetiletí
Futur	Budoucnost
Heure	Hodina
Hier	Včera
Horloge	Hodiny
Jour	Den
Maintenant	Teď
Matin	Ráno
Midi	Poledne
Minute	Minuta
Mois	Měsíc
Nuit	Noc
Semaine	Týden
Siècle	Století

Types de Cheveux
Typy Vlasů

Argent	Stříbro
Blanc	Bílý
Blond	Blond
Boucles	Kadeř
Brillant	Lesklý
Chauve	Plešatý
Coloré	Barevný
Court	Krátký
Doux	Měkký
Épais	Tlustý
Frisé	Kudrnatý
Gris	Šedá
Long	Dlouhý
Marron	Hnědý
Mince	Tenký
Noir	Černá
Ondulé	Vlnitý
Sain	Zdravý
Sec	Suchý
Tressé	Pletené

Univers
Vesmír

Astéroïde	Asteroid
Astronome	Astronom
Astronomie	Astronomie
Atmosphère	Atmosféra
Céleste	Nebeský
Ciel	Nebe
Cosmique	Vesmírný
Équateur	Rovník
Galaxie	Galaxie
Hémisphère	Polokoule
Horizon	Horizont
Inclinaison	Náklon
Lune	Měsíc
Obscurité	Tma
Orbite	Obíhat
Solaire	Solární
Solstice	Slunovrat
Télescope	Dalekohled
Visible	Viditelný
Zodiaque	Zvěrokruh

Vacances #2

Dovolená #2

Aéroport	Letiště
Camping	Kempování
Carte	Mapa
Destination	Destinace
Étranger	Cizinec
Hôtel	Hotel
Île	Ostrov
Loisir	Volný Čas
Mer	Moře
Passeport	Cestovní Pas
Plage	Pláž
Restaurant	Restaurace
Réservations	Rezervace
Taxi	Taxi
Tente	Stan
Train	Vlak
Transport	Doprava
Vacances	Dovolená
Visa	Vízum
Voyage	Cesta

Véhicules

Životnost

Ambulance	Sanitka
Avion	Letadlo
Bateau	Loď
Bus	Autobus
Camion	Náklaďák
Caravane	Karavana
Ferry	Trajekt
Fusée	Raketa
Hélicoptère	Vrtulník
Métro	Metro
Moteur	Motor
Pneus	Pneumatiky
Radeau	Vor
Scooter	Koloběžka
Sous-Marin	Ponorka
Taxi	Taxi
Tracteur	Traktor
Train	Vlak
Vélo	Jízdní Kolo
Voiture	Auto

Vêtements

Oblečení

Bracelet	Náramek
Ceinture	Pás
Chapeau	Klobouk
Chaussure	Bota
Chemise	Košile
Chemisier	Halenka
Collier	Náhrdelník
Foulard	Šátek
Gants	Rukavice
Jeans	Džíny
Jupe	Sukně
Manteau	Kabát
Mode	Móda
Pantalon	Kalhoty
Pull	Svetr
Pyjama	Pyžamo
Robe	Šaty
Sandales	Sandály
Tablier	Zástěra
Veste	Bunda

Ville

Městské

Aéroport	Letiště
Banque	Banka
Bibliothèque	Knihovna
Boulangerie	Pekárna
Cinéma	Kino
Clinique	Klinika
École	Škola
Fleuriste	Květinář
Galerie	Galerie
Hôtel	Hotel
Librairie	Knihkupectví
Marché	Trh
Musée	Muzeum
Pharmacie	Lékárna
Restaurant	Restaurace
Stade	Stadión
Supermarché	Supermarket
Théâtre	Divadlo
Université	Univerzita
Zoo	Zoo

Félicitations

Vous avez réussi !

Nous espérons que vous avez apprécié ce livre autant que nous avons pris plaisir à le concevoir. Nous faisons de notre mieux pour créer des livres de la meilleure qualité possible.
Cette édition est conçue pour permettre un apprentissage intelligent et de qualité en se divertissant !

Vous avez aimé ce livre ?

Une Simple Demande

Nos livres existent grâce aux avis que vous publiez. Pourriez-vous nous aider en laissant un avis maintenant ?

Voici un lien rapide qui vous mènera à votre page d'évaluation de vos commandes :

BestBooksActivity.com/Avis50

CHALLENGE FINAL !

Défi n°1

Êtes-vous prêt pour votre jeu bonus ? Nous les utilisons tout le temps mais ils ne sont pas si faciles à trouver. Voici les Synonymes !

Notez 5 mots que vous avez trouvés dans les puzzles notés ci-dessous (n°21, n°36, n°76) et essayez de trouver 2 synonymes pour chaque mot.

Notez 5 Mots du ***Puzzle 21***

Mots	Synonyme 1	Synonyme 2

Notez 5 Mots du ***Puzzle 36***

Mots	Synonyme 1	Synonyme 2

Notez 5 Mots du ***Puzzle 76***

Mots	Synonyme 1	Synonyme 2

Défi n°2

Maintenant que vous vous êtes échauffé, notez 5 mots que vous avez découverts dans les Puzzles n° 9, n° 17, n° 25 et essayez de trouver 2 antonymes pour chaque mot. Combien pouvez-vous en trouver en 20 minutes ?

Notez 5 Mots du ***Puzzle 9***

Mots	Antonyme 1	Antonyme 2

Notez 5 Mots du ***Puzzle 17***

Mots	Antonyme 1	Antonyme 2

Notez 5 Mots du ***Puzzle 25***

Mots	Antonyme 1	Antonyme 2

Défi n°3

Formidable ! Ce défi final  n’est rien pour vous.

Prêt pour le dernier défi ? Choisissez 10 mots que vous avez découverts parmi les différents puzzles et notez-les ci-dessous.

1.	6.
2.	7.
3.	8.
4.	9.
5.	10.

Maintenant, composez un texte en pensant à une personne, un animal ou un lieu que vous aimez !

Astuce: Vous pouvez utiliser la dernière page de ce livre comme brouillon !

Votre Composition :

CARNET DE NOTES :

À TRÈS BIENTÔT !

Toute l'équipe

www.ingramcontent.com/pod-product-compliance
Lightning Source LLC
Chambersburg PA
CBHW082210120626
46553CB00010B/3082
* 9 7 9 8 8 9 6 7 0 6 8 5 4 *